북한 급변사태와 통일전략

북한 급변사태와 통일전략

김영환, 오경섭, 유재길 지음

1부

김정은 정권의 개혁개방 성공과 통일의 가능성

(사)시대정신 사무처장 유재길

한반도의 통일을 논함에 있어 몇 가지 전제에 대한 검토가 필요하다. 첫째 현재의 북한체제가 변하지 않는 조건에서 통일이란 가능하지 않다는 것, 둘째 북한의 현 체제가 변하는 것은 크게 경착륙과 연착륙이 있는데 북한의 현 체제는 연착륙보다 경착륙 가능성이 크다는 것, 셋째 경착륙 가능성이 크다고 해서 연착륙 가능성을 배제해서는 안 된다는 것이다. 그리고 필자는 주로 북한 김정은 정권의 개혁개방 성공가능성과 대내외적으로 필요한 성공조건에 대해서 검토해 볼 것이다. 나아가서 연착륙에 성공하는 것이 한반도 통일에 어떤 장단점이 있을 것인지에 대해서도 논하고자 한다.

　한반도 통일에 있어 가장 이상적인 시나리오는 북한정권이 점진적인 개혁개방을 해서 연착륙에 성공하는 것이다. 그리고 연착륙에 성공한 북한 개혁정권이 시장경제와 민주주의의 방향에서 남한과 합의통일을 추진하는 것이다. 이것이 가장 이상적인 시나리오이지만 안타깝게도 북한의 김정은 정권이 연착륙에 성공할지는 불투명하며, 개혁개방에 성공하고 연착륙한다고 해서 북한의 개혁정권이 반드시 통일에 나서리란 보장이 있는 것도 아니다. 그러나 북한이 경착륙했을 때 발생할 커다란 혼란과 심각한 후유증 가능성이 높다는 점을 볼 때, 연착륙에 성공하는 것이 북한 주민을 위해서나 한반도 통일을 위해서 가장 이상적인 시나리오라는 점은 의문의 여지가 없다.

본 연구는 논란의 여지가 큼에도 불구하고 김정은 정권은 이미 개혁개방에 착수한 것으로 보인다는 점, 개혁개방의 성공가능성 즉 연착륙 가능성이 높진 않지만 그 가능성을 배제해서는 안 된다는 점, 점진적 체제전환에 성공하는 것이 한반도 정세와 남북통일에 가장 이상적인 시나리오지만 반드시 통일로 연결될지는 미지수라는 입장에서 논의를 전개하게 될 것이다.

1장

현 북한체제가 변하지 않는 한
통일은 불가능하다

먼저 체제전환이란 무엇인가? 체제전환은 다양한 의미와 사례를 들 수 있을 것이다. 그러나 본 연구에서 정의하는 체제전환은 '구 사회주의 체제'가 '시장을 확대하는 개방된 체제'로 전환된 것을 주로 지칭한다. 크게는 중국과 베트남 식의 개혁개방으로 인한 체제전환 유형과 소련과 동구권의 기존체제의 붕괴에 이은 자본주의 체제로의 전환이 있다. 전자는 공산당 정권의 주도 아래 개혁개방을 성공시켜 연착륙에 성공한 경우이고, 후자는 공산당 정권이 붕괴하고 경착륙한 경우에 해당한다. 필자는 북한의 체제전환에 대해서 언급할 때 위의 두 가지 유형을 염두에 두고 논의를 전개하게 될 것이다.

북한이 현재와 같은 수령절대주의 체제[1]를 유지하는 조건에서는 남북통일의 가능성이 거의 없다고 봐야 한다. 어떤 방식으로든 체제전환이 이뤄져야 통일에 대한 가능성이 생기는 것이다. 따라서 개혁개방 가능성과 그 성공 혹은 실패에 따른 통일대비를 논하는 것이 필요할 것이다. 그러면 북한이 수령절대주의 체제를 고집하는 한 왜 통일이 불가능한가를 먼저 살펴보고자 한다.

　북한이 수령절대주의 체제를 고집하는 한 왜 통일이 불가능한가?

　첫째, 개혁개방과는 달리 통일은 두 개 이상의 주권국가가 권력의 상당부분을 내놓고 궁극적으로 하나의 주권을 세우는 것으로 귀결되는 것이다. 북한의 수령절대주의 체제의 특성상 권력을 분점하는 것도 극히 어렵고 수령절대주의 정권과 민주주의 정권을 하나로 통일시킨다는 것은 불가능하다. 북한의 수령절대주의 체제의 특성이라 함은 수령 1인에게 권력이 고도로 집중된다는 점, 정보의 독점과 통제에 기초한 광적인 우상화에 기반한다는 점, 사소한 저항이나 비판을 일체 허용치 않는 공포정치를 주무기로 한다는 점, 민족지상주의와 결합된 쇄국정책을 추구한다는 점 등이다. 이러한 것을 본질로 하고 있는 북한의 수령절대주의 체제와 이와는 정반대의 특성을 갖고 있는 한국의 민주정권이 권력을 분점하여 통일로 간다는 것은 비현실적인 공상이다. 김정은 정권이 변할 수 없다가 아니라 북한 정권이 수령절대주의 체제를 고집하는 한 통일은 불가능하다는 것이다.

둘째, 통일로 가는 과정 혹은 통일의 높은 단계로 이행하는 과정에서 수령절대주의 체제가 유지될 가능성은 거의 없다. 수령절대주의 체제가 본질적으로 1인이 권력을 절대적으로 독점하고 강력한 통제를 실시하는 체제인 만큼 개방과 교류와 분권을 전제로 하는 통일을 추구하기가 매우 어렵다. 남북이 서로의 문호를 개방하고 교류와 협력을 확대하고 나아가 권력을 분점하는 단계에까지 이르게 된다는 것은 수령절대주의 체제의 개방체제로의 전환이 없이는 불가능한 것이다. 김정은 정권이 유지된다고 해도 이 정도의 진척이 이뤄진다면 이미 수령절대주의 체제가 아닌 것이다. 따라서 북한 정권이 통일을 추구한다고 해도 일정 단계에 이르면 수령절대주의 체제를 포기하거나 통일을 포기하거나 둘 중에 하나를 선택할 수밖에 없다.

셋째, 역사적으로도 두 개 이상의 주권국가가 합의에 의해 공존하면서 통일을 달성하고 안정적으로 유지한 경우가 없다. 아랍공화국연방이나 베트남이나 예멘이나 독일이 모두 그러했다.

먼저 아랍공화국연방의 경우를 살펴보자. 아랍공화국연방은 리비아의 지도자였던 무아마르 알 카다피가 범아랍주의 국가를 표방하며 리비아, 이집트, 시리아 세 나라를 합병하여 성립하려고 했던 연방으로, 1971년 9월에 성립되었다가 1977년 7월 해체되었다. 아랍

공화국연방은 분단국가가 통일을 추구한 것이 아니라 이스라엘에 대항하는 범아랍주의 운동의 성격이 짙었다. 대등한 주권국가들이 합의에 의해 통일을 했지만 대 이스라엘 정책에 이견을 보이며 6년 만에 해체되고 말았다.

다음으로 베트남은 익히 잘 알다시피 1975년 북베트남이 남베트남을 무력으로 제압하고 통일을 달성해 지금까지 통일이 유지되고 있다.

한때 분단국이 합의통일을 달성할 수 있을 것이란 기대를 갖게 했던 예멘의 경우를 보자. 예멘은 과거에 오스만 제국으로부터 독립한 북예멘(예멘 아랍 공화국)과, 영국으로부터 독립하여 사회주의 국가가 된 남예멘(예멘 인민 민주 공화국)으로 분리되어 있었다. 예멘은 1990년에 양측의 합의로 통일정부가 구성되었으나, 1993년 8월 북부정권이 남쪽의 발전을 도외시하고 있다는 이유로 남북 간에 대립상태로 들어가고 군사적 충돌이 일어나 1994년 5월 전면내전으로 확대되었지만, 같은 해 7월 북예멘의 일방적 승리로 완전한 통일이 되었다.

독일통일은 베를린장벽과 동독의 붕괴를 바탕으로 동독 정부와 주민의 요구에 따라 합의하에 흡수통일이 이루어진 경우이다. 외형적으론 합의통일이지만 동독 사회주의 체제와 정권이 붕괴하면서 이뤄진 흡수통일인 것이다.

이렇듯 전 세계의 역사는 대등한 주권국가가 합의에 의해 통일을 성공적이고 안정적으로 달성한 경우가 없다는 사실을 보여주고 있다. 한반도에서의 삼국통일 역사도 마찬가지였다.

　북한의 수령절대주의 체제와 남한의 자유민주주의 체제가 국가연합 혹은 낮은 단계의 연방제를 달성하는 것도 매우 어렵거니와 설사 그렇게 된다고 해도 그 이상의 진전은 불가능하다고 봐야 한다. 결론적으로 북한의 수령절대주의 체제가 최소한 베트남이나 중국의 개혁개방 체제로 전환되어야 통일의 전제조건이 마련되는 것이다. 북한의 체제전환은 크게 보았을 때 연착륙과 경착륙의 경로가 있다. 여기서는 주로 점진적 체제전환에 관해서 다루고자 한다.

2장
김정은 정권의
개혁개방 추진상황

김정은이 개혁개방에 대한 요구와 의지가 있다는 것은 거의 분명한 것 같다(이렇게 판단하는 이유와 근거에 대해선 구체적으로 후술). 문제는 어느 정도의 속도와 폭으로 하느냐이다. 그리고 김정은은 김정일보다는 김일성의 이미지를 중첩시키려는 모습을 보여줌과 동시에 젊고 개혁적이며 개방적인 이미지를 추구하는 것으로 보인다. 예를 들어 장성택 처형과정을 대내외적으로 공개한다든지, 리설주를 등장시키고 대동한다든지, 자신의 건강이 좋지 않다는 사실을 공개하는 등의 모습에서 김정일과는 완전히 다른 파격적인 모습을 보여주고 있다.

  김정은 정권은 개혁개방을 추구할 수 없으며 개혁개방을 추진하면 어느 정도 진척이 되다가 필연적으로 붕괴될 것이란 도그마에 빠지면 생동하는 현실을 제대로 분석하지 못할 수 있다. 김정은 정권의 등장 이후 최근의 상황을 보면 김정은 정권이 개혁개방을 추진 중에 있으며 예상보다 과감하고 빠르게 추진하고 있다는 징후가 여럿 포착되고 있다. 그래서 현시점에서 '김정은 정권은 과연 개혁개방을 할 것인가?'라는 물음보다는 '과연 어느 정도의 속도와 폭으로 추진할 것인가? 그리고 연착륙에 성공할 것인가?'라는 질문에 답해야 한다고 본다. 2014년 9월 현재 북한은 상당하고 빠른 변화과정에 있고 의미심장한 변화의 단계에 들어서고 있는 것으로 보인다.

김정은 정권의 개혁개방에 대해서 논하기 전에 북한의 1990년대부터 오늘에 이르기까지의 현실을 개괄적으로 정리한다면 4단계로 정리하여 이야기할 수 있다.

─1단계(1991~1999년): 비상사태 직면과 위기돌파

1989~1991년에 걸쳐 사회주의권의 붕괴, 특히 루마니아 차우세스쿠의 처형은 김부자와 북한 지도층에 엄청난 정신적 충격과 위기감을 줬다. 여기에 '한-러 수교'와 '한-중 수교' 그리고 제1차 북한 핵위기로 철저한 고립을 겪고 전쟁위기감마저 높아진 상태에 처했다. 제네바 협정을 통해 전쟁위기에서 벗어났지만 1994년 김일성의 급사와 뒤이어 찾아온 1995~1997년의 아사사태는 체제위기감을 한껏

증폭시켰다. 이런 비상사태를 맞이하여 김정일은 소위 '선군정치'라는 계엄통치와 미국과 국제사회를 상대로 한 '벼랑 끝 전술'을 통한 위기돌파를 시도했고 체제와 정권유지에 성공했다.

-2단계(2000~2005년): 비상사태 극복과 개혁개방의 시도

90년대 후반 들어 북-중 관계개선을 바탕으로 2000년 남북정상회담을 거쳐 체제안정의 기반을 마련했다. 이에 어느 정도 자신감을 얻은 김정일은 2002~2005년 부분적으로 개혁개방을 시도한다. 2002년 '7.1 경제관리 개선조치(이하 7.1조치)'와 같은 해 9월 신의주 경제특구 지정, 10월 경제고찰단의 한국 방문, 금강산 관광특구 지정 그리고 11월에 개성을 경제특구로 지정하는 등의 개혁과 개방조치가 바로 그것들이다.

-3단계(2006~2010년): 개혁개방의 후퇴

시장의 확산으로 인한 부작용에 대한 우려로 김정일은 2006 ~2010년 체제단속으로 회귀하는 양상을 보여준다. 2006년과 2009년 핵실험과 시장(市場)에 대한 단속 그리고 2009년 화폐개혁의 단행이 그것이다.

–4단계(2011~2014년 현재): 김정은의 등장과 갈지자 행보 그리고 개혁개방에 재시동

2011~2014년은 김정일의 급사와 김정은의 등장 그리고 갈지자 행보로 많은 사람들의 우려와 불안감을 증폭시켰다. 한편으론 2012년 6.28방침을 기점으로 여러 가지 개혁개방 조치들을 잇따라 내놓으며 개혁개방에 재시동을 걸고 있다. 최근 북한은 식량사정이 확연히 좋아졌으며 쌀값과 환율도 비교적 안정적이다. 북한의 경제사정과 주민들의 삶이 나아지고 있으며 적잖은 변화를 겪고 있는 중이다.

이제 북한 김정은 정권의 개혁개방 정책과 조치들에 대해서 구체적으로 살펴보기로 하자.

2012년 6.28방침과 2014년 5.30조치

북한은 2012년 '우리식의 새로운 경제관리 체계를 확립할 데 대하여(일명 6.28방침)'를 발표했다. 일부 공장과 기업소 및 협동농장을 대상으로 '경영권을 현장에 부여'한다는 것이 핵심인 정책이며 시범적으

로 시행한다는 것이다. 이는 2002년 7.1조치의 김정은 버전이라고 할 수 있다. 2002년 시장화가 많이 진척된 현실을 받아들여 체제내화하고자 시도했던 것이 7.1조치였는데, 이것이 여러 가지 부작용이 있자 유야무야시켰던 것이다. 그것을 김정은의 2012년 4월 공식집권 이후에 다시 핵심내용을 부활시킬 뿐 아니라 더욱 확대하려는 시도로 보인다.

6.28방침은 2년 동안 시범적으로 운영하던 것을 2015년 5월부터 전 공장과 기업소와 협동농장으로 확대 적용한다는 것이다. 「세계일보」가 2014년 6월 28일자로 보도했던 내용인데, 9월 23일자로 다시 확인보도를 하고 있다. 북한이 모든 기관과 기업소, 상점 등에 자율적 경영권을 부여하는 내용을 골자로 한 새로운 경제개혁 조치('5.30 조치')를 전국적으로 시행 중인 사실이 중국 내 한반도 전문가를 통해 확인됐다고 보도했다. 진징이 베이징대 교수는 「세계일보」 기자와의 전화통화에서 "북한이 5.30 조치를 실시하고 있다는 사실은 확실하다"며 "그간 일부 기업소나 공장에서 시험적으로 시행하던 것을 공식적으로 모든 기업소와 공장 등에 적용하기로 했다는 점이 가장 중요한 의미를 지닌다"고 말했다는 것이다. 진징이 교수는 「한겨레신문」에 기고한 칼럼에서는 "(북한) 변화의 원동력은 바로 내적 잠재력을 불러일으킨 조처에 있었다"며 "'5.30 조처'로 불리는 새로운 조

처로 북한 전역 모든 공장과 기업, 회사, 상점 등에 자율경영권을 부여했다.”고 소개했다. 그러면서 “생산권, 분배권에 이어 무역권까지 원래 국가의 몫이던 권력이 하방돼 공장, 기업의 독자적인 자주경영권으로 자리 잡고 있었다”며 “어찌 보면 가장 획기적인 조처”라고 평가했다. 그는 “농촌은 경영단위가 계속 축소되고 생산물에 대한 자율처분권이 확대됐다”면서 “19개로 확대된 개발구 역시 개발구법에 따라 경제무역관리 측면에서 많은 권력이 이양되고 있다”고 전했다.

한편 현대경제연구원은 2014년 9월 25일 「북한 농업개혁이 북한 GDP에 미치는 영향」이라는 보고서에서 북한의 농업개혁 조치는 중국이 1978년에 도입한 개혁과 유사하다며 농업개혁을 통한 1차 산업 부문의 부가가치 증가만으로도 GDP를 7% 이상 높일 수 있다는 주장을 내놓았다. 농업개혁의 핵심내용은 가족 1명당 땅 1,000평을 지급하고 소득은 국가 40%, 개인 60%로 나누는 방식이라고 한다. 한국은행이 추정한 북한의 실질 GDP 성장률이 2013년 1.1%에 불과하다는 점을 감안하면, 북한이 농업 개혁을 통해 성장률을 매우 높게 끌어올릴 수 있다고 보는 셈이다. 북한의 성장률은 2006년과 2007년 각각 -1.0%, -1.2%였다가 2008년 3.1%로 반전했다. 2009년과 2010년 다시 -0.9%, -0.5%로 나빠졌고 2011년과 2012년에는 각각 0.8%, 1.3%로 회복했었다.

연구원은 북한의 2000~2013년 부문별 평균 GDP 비중은 1차 산업 57.5%, 서비스업 30.7%, 건설업 8.2%, 전기·가스·수도업 3.6%로 이번 농업개혁에 의한 1차 산업 부가가치 생산 증가율이 중국처럼 최대 13% 높아지면 타 부문으로의 파급 효과를 고려하지 않더라도 GDP가 약 7.5% 상승하는 효과가 있다고 추정했다. 이 경우 북한의 GDP는 개혁 후 9년차인 2023년에 2013년 GDP(약 30조 원)의 두 배인 63조 원을 달성할 것이라고 전망했다.

5.30조치에 대해 아직 한국 통일부는 확인되지 않은 것이라는 입장이며, 북한 당국도 공식적으로 발표한 것은 아니기에 추가로 확인이 필요한 상황이다. 그러나 만약 5.30조치가 사실이라면 파격적인 조치이며 의미심장한 개혁조치이자 본격적인 개혁개방의 단계에 들어선다는 것을 의미한다고 본다.

2013년부터 시범적으로 포전담당제[2] 실시

유엔 세계식량농업기구(FAO) 보고서에 따르면 2014년 북한의 작물 수요량은 537만t, 생산량은 503만t으로 부족량은 약 34만t일 것으로 추정했다. 같은 보고서에 의하면 북한의 식량 부족분은 2011년 109

만, 2012년 95만t, 2013년 58만 6,000t, 2014년 34만t으로 감소 추세다. 소위 '고난의 행군' 이후 최고치를 경신하고 있는 상황이다.

식량 생산이 늘어난 원인은 두 가지로 추정된다. 하나는 중국으로부터 비료와 농기구 수입량을 늘려 협동농장에 공급한 것이며, 다른 하나는 포전담당제 실시를 꼽을 수 있다. 재일본조선인총연합회(조총련) 월간지 「조국」 2014년 4월호는 "2013년 조국(북한)의 농업 부문에서는 분조관리제 안에서 포전담당제가 실시돼 알곡 생산에서 많은 성과가 이룩됐다"고 보도했다. 이 잡지는 2013년 북한의 곡물 생산량이 1990년대 후반 '고난의 행군' 이후 최대치를 기록했다며 이는 날씨와 같은 자연환경이 아니라 포전담당제를 비롯한 농업정책 때문이라고 강조했다. 「조국」은 포전담당제를 도입해 성과를 낸 모범 사례로 평안남도 원화군 원화협동농장을 들었다. 이 농장은 포전담당제 도입 이후 농민들의 책임감이 강화돼 모범 단위인 3분조의 경우 생산 목표를 초과 달성하고 1인당 평균 1t의 생산물을 현물로 분배했다는 것이다.

북한 관영매체인 「조선중앙TV」는 2014년 1월 31일 전국 농업 부문 분조장 대회가 평양에서 진행된다며, 참석자들이 평양에 도착해 곽범기 노동당 계획재정부장과 리철만 내각 부총리 겸 농업상의 영접을 받았다고 전했다. 북한 당국이 그동안 전국농업대회는 여러 차

례 개최했지만 농촌의 말단 조직 책임자인 분조장들만 따로 모아 대회를 열기는 이번이 처음이다. 그만큼 농업개혁, 즉 포전담당제를 확대하고자 하는 의지로 읽히는 대목이다.

또한 노동당 기관지 「노동신문」은 2014년 3월 28일 사설에서 포전담당제 모범 사례를 거론하며 이들을 본받아야 한다고 강조했다. 북한이 2013년 이례적인 식량 증산을 포전담당제 도입의 결과로 보고 제도 안착에 주력하는 만큼 앞으로 농업개혁은 지속적으로 진행될 가능성이 커 보인다.

19개의 경제특구 추진

2013년 경제개발 10개년 계획 수행을 위해 설치했던 국가경제개발총국을 '국가경제개발위원회'로 승격시켰고(외자유치 업무를 담당하던 합영투자위원회 출신들이 포진), 같은 날 북한은 경제특구 개발과 외국기업 지원을 위해 반관반민 성격의 '조선경제개발협회'도 출범시켰는데, 이 단체는 미국·홍콩·베트남·인도 등 해외 전문가 10여 명을 초청해 경제특구 관련 심포지엄을 개최했다. 이 자리에서 협회 관계자는 "도(道)마다 경제개발구(특구)를 설치하겠다"고 공언했고, 2014년 5월에 2차 심포지엄도 평양 양각도국제호텔에서 열렸다고 「조선중앙통신」이 보도했다.

2013년 5월 29일 '경제개발구법'을 제정하고 지방급 특구 13개, 중앙급 특구 1개를 신설할 것을 발표하였다. 북한은 나선, 황금평·위화도, 금강산, 개성공업지구 등 4대 중앙 특구 외에 지방에도 경제특구를 추진 중인데 이를 더욱 확대하겠다는 입장이다. 북한은 2014년 7월 신의주 특수경제지대를 신의주 국제경제지대로 변경하고 평양·남포 등 6개 경제개발구를 추가로 지정했다.

19개의 지방급 경제개발구는 함경북도 온성군 온성읍 소재 온성섬관광개발구와 함경북도 어랑군 용전리 소재 어랑농업개발구, 남포직할시 와우도구역 영남리 소재 와우도수출가공구 등으로 지역별 특색을 살린 소규모 경제개발구로써 용지 규모가 대부분 2~3㎢, 외자유치 규모가 1억 달러 안팎 수준이라 한다. 「개발구 투자 제안서」에 따르면 북한은 13개 구역에 총 44.3㎢(약 1,340만평) 규모의 개발구를 만들 계획을 갖고 있다. 각 개발구가 추진하겠다고 밝힌 외자 규모는 최소 7,000만 달러에서 최대 2억 4,000만 달러 규모로 알려졌다.

중국 도문시와 조선경제개발협회가 2013년 12월 9일 중국 베이징에서 온성개발구 개발계약서를 체결했다. 2013년 11월 중순에는 싱가포르와 홍콩, 중국 자본이 공동으로 강령녹색개발구 개발 계약서를 체결했고, 홍콩 대중화그룹이 개발사업자로 확정된 신의주특구도 2014년 2월 착공식을 가졌다. 북측이 공개한 '개성고도(첨단)과학기술개발구'는 홍콩 KKG그룹(회장 서경화)이 작업공간과 기숙사를 건설하는 등 소프트웨어 개발 단지를 조성 중에 있으며, 중국 등 외국에서 주문하는 소프트웨어 개발을 주력 산업으로 삼고 있는 것으로 알려졌다. 러시아 철도공사와 북한 나진항이 '라손콘트란스'란 합작회사를 설립, 지난 2008년부터 추진해온 나진-하산 프로젝트는 러시아 극동의 국경역 하산과 북한 나진항을 잇는 54km 구간 철로 개보수와 나진항 현대화 작업, 복합 물류 사업 등을 골자로 하고 있다.

대중국 개방의 확대

2009년 2차 핵실험과 2010년 천안함 폭침으로 국제사회와 한국의 제재가 더욱 강화된 가운데 북한의 중국에 대한 의존도는 더욱 높아지게 되었다. 국제사회와 한국의 강도 높은 제재에도 불구하고 북한의 무역과 식량생산은 높은 증가율을 보이는데, 그것은 중국에 대한 개방확대와 시장화라는 두 축에 의한 결과라고 봐야 할 것이다.

중국에 대한 개방을 확대하고 있다는 것은 첫째, 나선과 황금평·위화도 경제특구를 중국과 공동개발 추진한다는 점에서 알 수 있다. 3차 핵실험 이후 중앙정부 간 공동개발은 주춤하고 있으나 지방정부나 기업차원에서 소규모 투자는 비교적 활발하게 추진되고 있다. 둘째, 최근 몇 년 사이에 중국과의 무역이 급증하고 있다. 2010년까지 완만한 증가세를 보이던 북-중 무역은 2011년에 56.3억 달러로 급증한 후에 2013년까지 꾸준히 증가하고 있으며, 2014년에도 2013년(65.4억 달러)과 비슷한 수준에 이를 것이란 전망이다. 남북교역을 제외하면 중국이 북한교역액의 90% 이상을 점유하고 있다. 셋째, 중국으로의 인력수출과 관광객이 폭발적으로 늘고 있다. 북한인력의 중국 송출이 급증하고 있는데 2013년 기준 취업비자를 발급받아 중국을 방문한 사람이 9만 명에 이른 것으로 파악됐다. 북한은 외화벌이 수단으로 관광산업 확대에 주력하고 있다. 중국 국가여유국에 따르면 북한을 찾은 중국인들은 2009년 연간 9만 6,000여 명에서 2010년에는 13만 명으로 크게 늘었고 2011년 19만 명, 2012년 23만 7,000명으로 불과 3년 사이에 두 배 반 정도 늘어났다.

내각 중심의 경제개혁추진과 박봉주의 등용

2013년 4월에 경제전문 관료 출신이자 7.1조치 추진 시기의 총리였던 박봉주를 다시 내각 총리로 등용한 것도 김정은의 개혁개방에 대한 의지를 보여주는 대목이다. 북한은 2013년 1월부터 분기별로 '내각전원회의 확대회의'를 정기적으로 개최하여 경제계획 수행실적 점검과 주요 과제의 실천방안을 제시하고 있다. 내각 중심의 경제운영체계를 강화시켜 나갈 의지를 과시하고 있는 가운데 박봉주를 내각 총리로 중용한 것은 경제개혁과 개방에 대한 나름의 의미가 있다고 봐야 할 것이다.

이제 북한의 변화된 현실을 보여주는 상징적이며 구체적인 예를 몇 가지 살펴보기로 하자.

–2014년 6월 현재 휴대폰을 전 국민의 10%인 240만 대 보급

북한 전문 인터넷 웹사이트 노스코리아테크(North Korea Tech)는 북한의 휴대전화 서비스업체인 고려링크에 가입한 북한주민 수가 2014년 6월 현재 240만 명이 넘었다고 밝혔다. 2008년 12월에 3G 서비스를 시작한 뒤 1년 만에 10만 명, 2012년 2월에는 100만 명 그리고 2013년에도 100만 명이 추가됐기 때문에 이 같은 추세를 볼 때

2014년 6월 정도면 가입자가 수가 300만 명을 돌파할 것으로 예상 됐지만 기대에는 못 미쳤다는 평가이다. 그러나 북한처럼 폐쇄적인 사회에서 핸드폰 가입자가 전 국민의 10%에 이르렀다는 것은 상당 한 함의가 있는 것이다.

정보유입과 유통이 갈수록 빨라지고 있으며 외부세계와 접촉 가 능성도 그만큼 높아지고 있기 때문이다.

─택시와 오토바이

평안남도 소식통은 「데일리NK」와의 통화에서 "평성시와 순천시 에 택시가 새롭게 등장하여 인기를 끌고 있다"면서 "최근 개인택시 가 돈벌이 직업으로 뜨면서 돈주(錢主, 신흥 부유층)들의 새로운 투자 대상이 되고 있다"고 전했다. 평양과 나진에서 택시는 보편화되어 있으며 운영은 평양운수회사인 대동강여객운수사업소에서 관리한 다. 반면 평성과 순천의 택시는 등록만 평양운수회사를 거칠 뿐 개 인이 투자해 운영되고 있다.

순천시장에서 거래되는 택시는 새 차일 경우 한 대당 1만 2,000 달러, 중고는 6,000~7,000달러 정도이며, 판매자가 번호판을 줄 경 우 500달러를 더 지불해야 한다고 소식통은 설명했다. 택시 요금은 10리(4km)당 북한 돈 1만 5,000원, 개인버스 요금은 10리당 북한 돈

2,000원 정도다. 평성-순천 택시비는 7만 5,000원으로 버스비 1만 원에 비해 매우 비싸지만, 장사를 크게 하는 사람들은 시간을 다투는 경우가 많기 때문에 택시 이용자들이 많다고 소식통은 소개했다.

오토바이로 돈을 버는 남성들이 늘어나면서 여성들의 남편에 대한 인식도 변하고 있다. 북한 여성들이 장사를 통해 생계를 책임지면서 남편들의 지위 하락을 상징하는 풍자어가 생겨났다. 별로 쓸모가 없다는 의미로 '남편은 불편'이라는 말이 돌았는데, 최근에는 이 같은 인식이 없어지고 아내들이 남편을 세대주로 인정하고 있다는 게 소식통의 전언이다.

오토바이가 시장 경제 유통 수단으로 확산되면서 오토바이를 타는 여성들도 늘고 있다고 한다. 그는 "자강도 만포시에는 여자들이 오토바이를 타면서 장사를 한다"면서 "다른 지역에도 오토바이를 타고 장사를 하는 여자들이 점차 늘어나고 있다"고 말했다.

북한사회의 시장화 흐름을 보여줌과 동시에 사람들의 이동수단이 다양해지고 편리해지고 있다는 사실을 보여주고 있다.

−1만 원짜리 햄버거와 3만 원짜리 피자

2013년 리모델링을 통해 재개장한 평양의 문수물놀이장 패스트푸드바에서는 햄버거 1개가 북한 돈 1만 원에 팔리고 있다. 이는 일반적인 북한 노동자 월급의 3~5배에 해당하는 가격이다.

평안남도 내부소식통은 「데일리NK」와 통화에서 "순천 대동강변에 위치한 '능라 88무역회사' 식당에서 지난해 말부터 피자를 팔고 있다"면서 "돈 있는 사람들에게 인기가 높다"고 말했다. 2014년 2월 김정일 생일(2월16일)에 맞춰 북한 여행을 하고 돌아온 앤드류 쳉(Andrew Cheng) 씨의 여행기에 따르면 평양에는 2개의 피자가게가 있고, 모든 재료는 이탈리아에서 직수입한다. 평양이 아닌 지방 도시에 피자가 팔리고 있다는 사실을 확인한 것은 이번이 처음이다.

소식통은 "식당 앞에는 넓은 주차 공간이 확보되어 있어 석탄 수출로 외화를 벌고 있는 돈주들이 주 고객"이라며 "주말이면 색안경을 쓰고 종합지짐을 뜯는 사람들을 흔히 볼 수 있다"고 말했다. 북한 외화벌이 기관들이 내부 장사에 손을 뻗치고 있는 것은 중산층의 구매력이 과거에 비해 높아졌음을 방증(傍證)하는 징표로 해석된다. 소식통은 "없는 사람이야 계속 없이 살지만, 있는 사람들은 자신들의 권력과 밑천을 이용해서 계속 더 큰 부자가 되고 있다"고 말했다.

한류가 널리 확산되고 있는 가운데 식생활에서도 개방화되고 있는 단면을 보여주는 상징적인 사례이다.

−자녀들 과외 열풍

최근 북한에서 평양 대학생들이 지방까지 내려가 '과외'를 하고 있는 것으로 알려졌다. 북한은 '사교육'을 금지하고 있어 불법으로 '과외'를 하는 경우는 있지만, 이번처럼 평양 대학생이 지방까지 내려가는 것은 매우 드문 경우로 앞으로 북한 내 과외 시장이 점점 확산될 것으로 보인다.

소식통은 "학생 부모를 잘 만나면 한두 달 학습지도를 해주고 1,000달러 정도 벌 수 있다"면서 "돈을 많이 주는 집을 선택하는 경우도 있지만 도당(道黨)이나 중앙에 줄을 댈 수 있는 집을 선호하는 경향도 많다"고 말했다. 간부들의 자녀를 과외시키면 대학 졸업 후 직장 배치를 받을 때 혜택을 볼 수 있기 때문이라고 소식통은 지적했다.

소식통에 따르면 몇 년 전까지만 해도 간부들의 자녀들은 인문·사회과목 쪽의 과외를 선호했지만, 최근에는 기초(컴퓨터, 외국어, 물리, 화학)과목이나 예술부문의 과외를 선호하는 부모들이 늘고 있다.

북한의 학부모들도 국제사회의 추세에 맞게 자녀 교육에 열을 올리고 있음을 알 수 있는 대목이다.

최근 북한사회의 모습은 이렇듯 크게 변모하고 있고 때로는 충격적이기까지 하다. 물론 북한의 이러한 변화는 김정은 정권이 들어서고 어느 날 갑자기 시작된 것이 아니다. 90년대 소위 '고난의 행군' 시절부터 시작된 시장화 흐름의 연장선상에 있는 것이다. 20년 이상 된 도도한 물줄기이고 시대의 흐름과도 합치하는 것이어서 외부의 예상보다 에너지가 크다고 볼 수 있다. 이제 아무리 봉건적인 세습 독재 체제인 북한이라고 해도 이러한 흐름을 단번에 뒤집는 것은 거의 불가능해 보인다. 한국을 비롯한 국제사회의 강도 높은 경제제재에도 불구하고 북한 경제가 오히려 좋아지고 있는 이해하기 어려운 상황은 '대중국 개방의 확대'와 '시장화의 확산'이라는 두 개의 키워드를 통해서만 이해할 수 있다.

위와 같은 정책이나 사례들을 놓고 김정은 정권이 과연 개혁개방에 시동을 걸었다고 볼 수 있는가에 대해선 논란의 여지가 있다. 개혁개방이 아니라고 주장하는 전문가들은 첫째, 중국과 같이 개혁개방을 당의 공식노선으로 선언하지 않고 오히려 개혁개방을 거부한다는 것을 대내외에 강조한다는 점, 둘째, 국제사회의 투자를 유치하기 위한 투자 환경조성이 체계적이거나 적극적이지 않다는 점, 셋째, '경제 핵무력 병진노선'은 개혁개방과 양립할 수 없다는 점 등을 들어서 진정한 의미의 개혁개방이라고 볼 수 없다고 주장한다.

그러나 개혁개방을 추진한다는 평가도 충분히 가능하다고 본다.

첫째, 개혁개방을 당의 공식노선으로 선언하지 않는 것이 언제라도 되돌아갈 수 있는 퇴로를 열어 놓은 측면이 있다는 것은 일리 있는 지적이다. 하지만 1995~1997년 고난의 행군 이후 북한의 일련의 변화흐름을 보면 지속적인 시장화와 대외개방의 흐름이며 이를 되돌리는 것은 거의 불가능에 가깝다는 사실에 주목해야 한다. 7.1조치 이후 개혁의 부작용이 나타나자 이를 돌려보려 안간힘을 썼지만 결국 실패했다. 이제는 시장화와 개방의 물결이 더욱 커졌고 가속도가 붙고 있는 상황인데 이를 되돌린다면 더욱 큰 부작용이 생길 것이 분명하다. 둘째, 국제사회의 투자를 끌어들이기 위한 노력 중에 핵심은 핵 포기 문제이다. 이것은 경제 핵무력 병진노선이 개혁개방과 양립할 수 있는가의 문제이기도 하다. 김정은이 내세운 경제 핵무력 병진노선은 일반적으로 핵 불포기에 초점이 맞춰진 것으로 알려져 있지만 다른 해석도 가능하다. 핵을 포기하지 않겠다는 의지의 표현이기도 하지만, 핵을 갖췄으니 체제수호의 결정적인 담보를 마련했고 이젠 경제건설에 주력하겠다는 의미가 강조되는 측면도 있는 것이다. 경제 핵무력 병진노선의 핵심은 더 이상 인민생활을 희생하는 대가로 국방건설을 하지 않겠다는 것으로 해석이 가능하다고 주장하는 전문가들도 있다.

3장
김정은 정권의 특징과
개혁개방 성공 가능성

김정은 정권의 특징

첫째, 노동당 중심의 정치로 복귀하고 있다. 아버지 김정일은 비상
사태를 극복하기 위한 계엄통치를 통해 노동당을 빈껍데기로 만들
면서 선군정치를 펴 왔으나, 김정은은 선군정치의 구호는 유지하면
서도 노동당 중심 정치로 점진적인 변화를 추구하고 있다. 2010년 9
월 28일 제3차 노동당대표자대회를 기점으로 당의 국가와 군에 대
한 통제강화의 조치를 확대하고 있다. 당대표자대회, 당중앙위원
회 전원회의, 당정치국회의, 당중앙군사위원회회의 등을 열어 공식
적인 주요 결정을 내리고 대외적으로 공표하고 있다. 특히 2013년

에 들어서는 '당 세포비서대회'(1.28~29), '전군 당 강습지도일꾼회의'(2.22), '3대 혁명소조원회의'(당외곽조직 2.27) 등을 연이어 개최하면서 당의 하부조직까지 재정비하고 있다. 김정일이 내세운 기본 노선이고 비대해진 군을 의식해서 선군정치의 구호를 유지하고 군을 중시하지만 어디까지나 당의 지도와 통제 아래 두겠다는 것이 분명해 보인다. 이를 상징하는 사건은 당료출신 최룡해의 총정치국장 등용과 리영호의 해임이었다.

2013년 9월, 8년 만에 개정한 전시사업세칙에서 노동당의 역할을 강조한 것도 눈에 띈다. 특히 전시상태의 선포 권한이 종전 '최고사령관'이라는 최고지도자 개인의 단독 결정에서 '당 중앙위, 당 중앙군사위, 국방위, 최고사령부 공동 명령'으로 수정했으며, 전시사업 총괄 지도기관을 종전 국방위원회에서 당 중앙군사위로 한다고 변경했다. 이런 움직임은 북한이 2013년 6월 최고지도자에 대한 주민들의 행동 규범을 적시한 '당의 유일사상체계 확립을 위한 10대 원칙'을 39년 만에 개정하면서 '수령에 대한 충실성'을 '당에 대한 충실성과 실력'으로 수정하는 등 노동당을 강조한 데서도 잘 드러나고 있다.

노동당 중심의 정치로의 복귀는 첫째, 비상사태가 수습되어 상황이 정상으로 돌아왔다는 선언의 의미가 있으며 둘째, 사회주의를 표방하고 있는 나라에서 노동당을 통한 통치가 명분과 정통성 확립에

좋으며 셋째, 기왕에 전 사회적으로 가장 광범위하며 체계적인 조직을 갖고 있는 노동당을 활용하는 것이 국가와 군에 대한 통제에 효율적이며 넷째, 할아버지의 이미지와 방식을 추구하는 것에도 맞는 것으로 판단한 것으로 보인다.

김정은 정권의 두 번째 특징은 경제개혁과 개방을 통한 경제회생에 대한 의지가 있음을 보여주고 있다는 점이다. 이에 대해선 위에서 구체적으로 충분히 열거했다. 김정은이 개혁개방을 통한 경제회생에 대한 의지가 있는 것으로 보이지만, 대외환경과 대내적으로 외자유치가 가능한 환경을 갖추기 위해서 얼마나 적극적인 의지를 가지고 개혁을 밀고 나가느냐가 관건이다. 특히 개방으로 인한 체제위험이 점증하여 체제유지와 충돌하는 지점에서도 계속 개혁개방을 밀고 나갈 수 있는 배짱과 정치적 능력을 갖출 수 있을지가 핵심인데 이 부분에 대해선 회의적인 측면이 많다.

셋째, 경제건설과 핵 무력건설 병진노선을 천명했다. 2012년에 두 차례에 걸쳐서 장거리 미사일을 발사하고 2013년 2월 12일에 3차 핵실험을 강행하고, 2013년 3월부터 한국에 대한 위협을 최고조로 끌어 올리며 개성공단 폐쇄 조치까지 하면서 경제건설과 핵 무력건설 병진노선을 천명했다. 김정일의 유훈인 핵과 장거리미사일을 결코 포기하지 않겠다는 것을 분명히 함과 동시에 "더 이상 인민들의 허리띠를 졸라매지 않도록 하겠다"고 선언했다. 할아버지와 아버지의 유훈을 받들어 체제와 정권유지의 결정적인 담보물을 수호하겠다는 선언인 측면과 더불어 경제발전에 대한 강한 의지를 표명한 것이다.

넷째, 중국에 대한 의존도 심화, 대남정책에서의 긴장조성과 거리두기, 틀에 박힌 대미정책을 기조로 하고 있다.

2013년 한반도 위기국면을 수습하기 위해 최룡해와 김계관이 중국을 방문하여 매달리는 모습을 보였는데, 특히 최룡해는 군복을 벗지 않으면 시진핑을 면담할 수 없다는 중국의 입장에 따라 급히 군복을 벗고 만나는 수모를 겪으며 저자세 외교를 했다. 한편 중국의 거듭된 만류에도 3차 핵실험을 강행하고 한반도에서 수시로 긴장을 고조시키는 북한 김정은 정권에 대해서 중국은 많은 피로감을 드러내고 있는 상황이다.

2013년 3월부터 대남협박을 최고조로 끌어 올렸으나 발사대에 세웠던 미사일 발사를 접어야 했으며, 개성공단 임시중단 정책도 대외적으로 이미지만 구기고 대내적으로도 불만을 키우는 큰 실착이었다. 이산가족 상봉을 며칠 앞두고 일방적으로 연기 및 파기한 것도 매우 무례하고 막가파적인 인상을 강화하고 있다.

선행학습효과가 있는 조건에서 2012년 2.29 미북(조미)합의를 한

후에 4월에 장거리 미사일을 발사하여 합의를 깬 것은 미국에게 다시 한 번 깊은 각인을 시켰다. 존 케리 미국 국무장관은 2012년 10월 3일 일본 도쿄에서 외교·국방장관 연석회의인 '미일 안전보장 협의위원회(2+2)'를 개최한 뒤 공동 기자회견을 갖고 "북한이 비핵화를 결심하고 이를 위해 진정한 협상에 나선다면 우리는(6자회담 당사국들은) 대화할 준비가 돼 있으며 북한과 불가침 협정(non-aggression agreement)을 체결할 준비도 돼 있다."고 밝혔지만, 북한은 즉각 거부 의사를 밝혔다. 오바마 정부는 전략적 인내라는 정책을 계속 고수하고 있는 상황이어서 미국과의 관계는 교착상태가 지속되고 있다.

김정은 정권의 개혁개방과 성공 가능성

김정은이 개혁개방을 추진하는 데 가장 우려하는 것은 체제위험이 커진다는 것이다. 김정일도 북한경제를 회생시키고 발전시키는 것은 개혁개방 외에 달리 방법이 없다는 사실을 잘 알고 있었지만 체제붕괴에 대한 두려움 때문에 전면적인 개혁개방을 추진하지 못했다. 이런 사실을 잘 알고 있을 김정은이지만 김정은은 김정일과 다른 방법을 선택할 가능성이 있으며 실제로 그런 모습을 보여주고 있다.

이렇게 보는 이유는 다음과 같다.

첫째, 김정은은 외국유학을 한 30대 젊은 청년이라는 사실이다. 새로운 통치자가 등장하면 새로운 모습을 보여줄 것을 기대하는 분위기가 있게 마련이고 특히 김정은은 젊은 나이에 통치권자가 됨으로써 그런 기대에 부응하고자 하는 의욕이 클 수 있다. 여기에 어린 시절 스위스에서의 유학생활을 통해 느낀 서방의 발전되고 자유스러운 분위기가 미쳤을 영향도 무시할 수 없을 것이다.

둘째, 김정은은 김정일과 다른 통치스타일을 추구하는 모습을 보여주고 있다. 김정은은 외모적으로나 통치스타일 면에서나 아버지 김정일보다는 할아버지 김일성의 이미지를 추구하고 있다. 여기서 더 나아가 부인 리설주를 공식석상에 대동하고 내외언론에 공개한다든지, 자신의 건강이 좋지 않다는 점을 공개한다든지, 인권문제에 대해서 공개적으로 맞대응한다든지 하는 모습은 할아버지, 아버지와는 또 다른 개방적이고 투명한 개혁적 리더의 이미지를 추구하는 것으로 보인다.

셋째, 김정은은 김정일이 공식적으로 통치자로 등록했을 때와 사뭇 다른 환경에 있다는 점이다. 김정일이 공식적인 통치자로 등극할 때의 90년대 북한의 대내외 환경은 비상상황이었다. 소련해체와 동구 사회주의권의 붕괴 도미노로 인한 정신적 충격과 대외원조의 축소, 한-러 수교와 한-중 수교로 극도의 고립감 가중, 핵 위기로 인한 전쟁일보 직전의 일촉즉발의 상황, 김일성의 급사와 대규모 아사사태로의 직면 등은 말 그대로 비상사태였던 것이다. 김정일은 이런 상황을 어느 정도는 수습한 후인 2000년경부터 개혁개방을 추구하는 모습을 보였던 것이다. 2000년대의 북한은 여전히 어렵지만 어느 정도 안정을 찾았다.

이러한 상황과 사실들은 김정은이 김정일에 비해서 파격적인 개혁개방 정책을 추진할 가능성을 높여주고 있다고 본다. 위의 주장이 현실로 나타나지 않는다면 하나의 가설에 불과할 것이지만 김정은이 여러 개혁개방 조치들을 취해 나간다면 위의 가설이 설득력을 높여갈 수 있을 것이다. 그래서 필자는 앞서 북한의 개혁개방조치들과 그로 인해 변화하고 있는 북한의 현실에 대해서 많은 지면을 할애해서 열거한 것이다.

그렇다면 김정은 정권의 개혁개방 성공 가능성, 연착륙 가능성은 어느 정도일까?

결론부터 말하자면 김정은 정권의 개혁개방 성공가능성은 30% 이하라고 본다. 이 말은 실패 가능성이 70% 이상이라는 것이다. 실패 가능성이 압도적으로 높다고 보지만 성공가능성이 전혀 없는 것도 아니다. 본 연구 프로젝트의 두 번째 연구주제에 북한 급변사태에 대해서 체계적으로 다루고 있으므로 실패가능성이 높은 이유는 구체적으론 다루지 않는다. 다만 핵심적인 몇 가지 이유를 간략히 이야기하자면 첫째, 김정은 정권은 세습정권으로써 정통성이 거의 없다. 개방되면 될수록 김씨 왕조의 신화는 깨질 수밖에 없다. 정권 유지의 핵심적 기둥에 균열이 생길 수밖에 없다. 바로 이런 점 때문에 김정일도 과감한 개혁개방을 추진하길 두려워했던 것이다. 둘째, 김정은은 나이와 경험미숙으로 개혁개방 과정에서 야기될 숱한 정치적 난관을 돌파하기 쉽지 않다는 것이다. 셋째, 엄청난 격차로 발전한 남한의 존재가 구체적으로 다가가면 갈수록 정치적 위기가 커지게 될 것이다. 이러한 점들은 치명적인 약점이어서 극복하기 쉽지 않은 것이며 개혁개방 과정에서 정권이 붕괴될 가능성이 상당히 높다고 보는 것이다.

그럼에도 불구하고 성공 가능성이 어느 정도 있다고 보는 이유는 첫째, 북한의 수령절대주의 체제는 감시와 통제 시스템이 매우 정교하게 잘 갖춰져 있다는 것이다. 이것은 특히 김정일에 의해서 더욱 체계화되어 고급 간부일수록 감시가 정밀하고 군 장교와 장성에 대한 이중 삼중의 감시와 통제 그리고 분할통치로 쿠데타 시도 자체가 매우 어렵게 되어 있다. 둘째, 반체제세력이 거의 없거나 있어도 조직화되기 매우 어려운 상태에 있다. 필자의 오랜 중국에서의 활동경험에 의하면 북한 내에는 조직적인 반체제세력의 존재 가능성이 거의 없으며, 반체제인사는 그냥 개별적 존재로 존재하고 있을 가능성이 매우 높다. 감시와 통제시스템이 강해도 반체제운동의 경험과 전통이 있었거나 반체제세력의 운신의 폭이 조금이라도 있다면 상황에 따라선 빠르게 반체제세력이 커질 수도 있을 것이다. 그러나 반체제운동의 경험도, 세력도 거의 없어 세력 확장이 쉽지 않아 보인다. 셋째, 적정수준의 개혁개방을 통해 경제적 성과가 어느 정도 이뤄지면 지지기반이 강화되는 측면이 있다. 물론 개혁개방을 하게 되면 앞서 지적한 대로 체제위협요소가 빠르게 커지게 된다. 그러나 빠른 경제성장은 정권의 치적이 되고 개혁개방으로 인해 이득을 보는 세력들의 지지도 커지게 될 것이다. 넷째, 점진적인 정보유입이 점차 내성을 가져다주는 측면도 있다. 정보의 유입도 양 측면이 동시에 작용한다. 초기에는 신기하고 놀랍고 신선한 충격이던 것들이 점차 익숙해지면 단점에 대해서도 보게 된다. 중국의 주민들이 서방소식을 접하면서 갖게 되는 내성을 생각해 보면 이해가 쉬울 것이다. 다섯째, 김일성 일가가 아니고선 위기의 북한체제를 끌고 나갈 대안을 찾기 어렵다는 지배층의 현실인식이나 운명공동체 의식이 적잖다는 것이다. 북한의 지배엘리트들은 북한이 수많은 모순과 어려움에 직면해 있고 체제가 무너지면 남한에 흡수될 것이란 공포가 크다. 이러한 공포는 세습체제와 운명공동체 의식을 만들고 강화시키고 있는 것으로 보인다.

이런 것을 종합적으로 놓고 본다면, 3대 세습정권인 김정은 정권이 개혁개방에 실패할 가능성이 상당히 높지만 그렇다고 성공 가능성이 거의 없다고 단정지어서도 안 된다고 생각한다.

김정은 정권의 개혁개방이 성공하기 위해 대내외적으로 필요한 조건

그렇다면 김정은의 개혁개방이 연착륙에 성공하기 위한 대내외적인 조건과 전략은 어떤 것이 있을 것인가?

김정은의 입장에서 볼 때, 개혁개방에 성공하기 위해서는 첫째, 적정수준과 속도의 개혁개방이어야 한다. 너무 빠른 속도의 개혁개방을 추진하는 것은 위험하다. 그런데 김정은은 젊고 신중함이 부족한 것으로 보이고, 일정 정도 성과가 나면 자신감에 넘쳐 빠른 속도의 개혁개방을 추진할 가능성이 적잖아 보인다. 북한은 중국과 달리 좁은 국토와 적은 인구를 가지고 있는 나라이다. 성과가 빨리 퍼질 수도 있지만 반대로 실패가 주는 충격의 완충지대가 취약할 수밖에 없다. 또한 남한이라고 하는 강력한 대안세력이 존재하고 있다. 이런 상황에서 조급성에 빠져 급진적인 정책으로 부작용과 불만을 키운 상태에서 몇 번의 시행착오는 걷잡을 수 없는 사태를 초래할 수 있다.

둘째, 중국에 대한 의존과 협력관계 강화를 강화하는 것이다. 현재 중국과의 관계는 예전 같지 않다. 2014년 9월 9일 북한의 국경일에 시진핑이 보낸 축전을 「로동신문」 3면에 싣고 푸틴이 보낸 축전은 1면에 실었다는 기사는 현재의 북-중 관계를 상징적으로 보여준다. 세상에 절대적인 것은 없다. 중국의 북한에 대한 태도는 근본적으로 변한 것은 아니지만 점진적으로 변하고 있는 것으로 보인다. G2로써 신형대국관계를 주창하고 있는 중국의 입장에서 북한이 계속 호전적이며 어디로 튈지 모르는 행태를 보이는 것에 대해서 큰 우려와 불쾌감을 가지고 있다. 그리고 그러한 북한을 감싸는 모양새도 적잖게 신경 쓰이는 대목이다. 김정은 정권이 개혁개방에 대한 입장을 확고히 하고 남한과의 관계도 어느 정도 개선하는 모양새를 취한다면 관계개선과 더불어 중국의 적극적인 지지와 지원을 얻어낼 수 있을 것이다. 나아가 더 이상의 핵무기 개발과 실험 중단을 확고히 약속한다면 기존의 핵무기는 사실상 묵인하고 넘어갈 가능성도 있을 것이다.

셋째, 지배엘리트와 군부에 대한 정교한 감시와 통제시스템을 유지하되 일반주민과 외국인, 특히 외국인에 대한 감시와 통제는 꾸준히 완화해 가야 한다. 그리고 이동과 통신의 자유도 점진적으로 확대해 나가야 하며 당연히 정치범수용소와 공개총살과 같은 반인권의 상징은 철폐해야 할 것이다.

넷째, 한국과 적정수준의 관계개선이 필요하다. 북한의 개혁개방이 일정 수준에 오르기 전까지 한국과 지나치게 가까워지고 대한국 개방을 확대하는 것은 정치적으로 부담이 될 것이다. 그래서 약간의 거리를 두되 지나치게 긴장이 높아지지 않도록 하면서 적절한 수준의 지원을 받고 점진적으로 교류도 확대해 나가는 것이 도움이 될 것이다.

다섯째, 북-일 수교를 통한 배상금 확보 등이 필요하다. 한국이나 미국과 관계개선도 잘 안 되고 중국과의 관계도 예전 같지 않으면서 일본과 러시아와 관계개선을 하려는 움직임이 강화되고 있다. 일본과 관계개선을 통해서 북-일 수교를 하게 되면 가장 현실적이고 매력적인 것은 100~200억 달러로 추산되는 배상금을 얻어 내는 것이다. 만성적으로 외화가 부족한 북한의 입장에서 개혁개방 초기에 매우 큰 종잣돈 역할을 하게 될 것이다.

김정은 정권이 핵을 포기하지 않으면 이런 것들이 여의치 않아 보이지만 불가능한 것만도 아니다. 20년이 넘는 북한 핵문제 관련한 북한과 국제사회의 공방의 결론은 협상이나 제재를 통해 북핵문제를 해결한다는 것은 사실상 불가능하다는 것이다. 북한정권이 기존의 핵은 보유한 채 적극적인 개혁개방 정책을 취하게 될 때, 중국이나 한국은 물론 미국도 결국은 (북핵불용의 레토릭은 계속 구사하겠지만) 북한의 핵무기를 현실로 묵인하고 개혁개방을 지원하는 현실적인 태도를 보일 수밖에 없을 것이다. 이미 북한이 핵무기를 갖게 된 현실을 인정하고 핵무기의 추가 생산이나 확산을 하지 않는다는 조건부로 북한의 개혁개방을 지원하는 것이 북한의 핵보유의 위험성을 줄이는 현실적 방안이라는 현실론이 힘을 얻을 수밖에 없을 것이다.

4장
김정은 정권이 연착륙에
성공한다면 통일에 나설 가능성

김정은 정권이 북한사회의 안정을 유지하면서 개혁개방을 추진하고 연착륙에 성공한다면 한반도와 동북아 정세에 매우 바람직한 변화이지만 그것이 통일로 이어지리란 보장은 없다. 특히 김정은 정권이 개혁개방을 추진하면서 연착륙에 성공한다면 통일에 나설 가능성보다는 그렇지 않을 가능성이 높아 보인다. 만약 김정은 정권 주도로 연착륙에 성공한다면 여러 어려움을 뚫고 비교적 안정적으로 정국을 이끄는 상황일 터인데, 김정은과 북한 지배엘리트의 기득권에 득보다 실도 많고 여러모로 번거롭고 골치 아픈 통일에 나설 필요성을 많이 느끼지 못할 것이다.

그러나 북한정권이 체제수호에 대한 자신감도 있고 통일에 대한 남북 주민들의 요구가 높아지면 국가연합이나 낮은 단계의 연방제로 나설 가능성도 배제할 순 없을 것이다. 남북의 정권들이 주민들의 지지를 바탕으로 국가연합이나 낮은 단계의 연방제를 추진할 때 국제사회에서 이를 반대할 명분이나 가능성은 거의 없어 보인다. 문제는 모두에 지적했듯이 대등한 주권국가가 합의에 의해서 하나의 주권국가를 세우는 통일은 가능성이 상당히 낮다는 것이다.

우리가 추구해야 할 통일은 민족지상주의적 통일이 아니라 가치 통일이어야 한다. 그 가치는 자유와 인권이 보장되는 민주주의와 시장경제시스템을 통한 부국이 될 것이다. 이런 가치가 명확히 실현되지 않는 통일은 바람직하지도 않으며 누구에게도 도움이 되지 않는 것이다. 북한이 개혁개방에 성공하여 중국 혹은 베트남과 같은 발전과 성취를 해 나간다면, 북한정권의 성공을 적극 지원하면서 서두르지 말고 자연스럽게 민주주의와 시장경제의 가치가 실현되는 방향으로 통일을 추구하면 될 것이다. 북한의 개혁개방을 지원하면서 교류와 협력이 강화된다면 한반도에서 북한 리스크도 감소하게 되고 평화지수도 획기적으로 높아지게 되며 북한 주민들의 복리도 높아지게 되는 것이다. 급진적인 통일로 인해서 감당해야 할 엄청난 사회적, 경제적 비용을 생각한다면 북한이 개혁개방을 하고 민주화되어 가고 남북 간에 교류와 협력이 활성화되는데 서둘러 통일을 추구해야 할 필요성이나 절박성은 많이 낮아질 것이다.

　김정은 정권이 개혁개방을 성공적으로 추진할 수도 있고 김정은이 실각하고 새로운 세력에 의한 개혁개방이 추진될 수도 있을 것이다. 어떤 경우이든 한국은 국제사회와 더불어 북한 정권의 개혁개방을 적극 지원하고 교류협력도 한층 강화해 나가야 한다. 단기적으론 경착륙에 비해 통일의 가능성이 낮아지지만 북한과 한반도 그리고 동북아시아에는 매우 긍정적인 영향을 주게 될 것이다. 그리고 장기적으로 볼 때 통일의 가능성이 꼭 낮다고 볼 수도 없다. 물론 통일이 안 될 가능성도 꽤 있지만 오히려 가장 이상적인 통일의 과정이 될 수도 있는 것이다.

1. 황장엽, 북한인권문제, "스탈린주의의 수령론은 한마디로 말하여 수령이 전당과 전체인민의 이익을 대표하여 전체인민을 영도할 자격이 있으며, 공산당은 노동계급의 가장 선진부대이기 때문에 노동계급의 이익을 대표하여 노동계급을 영도할 자격이 있고, 수령은 가장 탁월한 공산주의자이기 때문에 당의 이익을 대표하여 전당을 영도할 자격을 가진다는 것이다. 이 논리에 따라 수령의 영도는 곧 공산당의 영도이고 노동계급의 영도로 되기 때문에 수령의 영도와 독재를 주장하는 것은 마르크스의 무산계급독재사상에 모순되지 않는다고 해석되었다. 북한이 처음으로 창안한 수령절대주의는 노동계급이나 인민대중을 출발점으로 삼은 것이 아니라 수령이 출발점으로 되고 있다. 즉 수령의 영도가 있음으로 하여 공산당이 있을 수 있고, 공산당의 영도가 있음으로 하여 노동계급이 있을 수 있으며, 노동계급의 영도가 있음으로 하여 자주적인 인민대중(국가와 사회의 주인으로 살 수 있는 인민대중)이 있을 수 있다는 것이다. 다시 말하여 먼저 수령이 탄생하여 탁월한 혁명사상을 창시한 다음 이 사상을 실현하기 위하여 수령의 당이 창건되고, 수령과 당의 영도 밑에 혁명적인 노동계급이 형성되며, 수령과 당의 영도 밑에 노동계급을 핵심으로 하는 혁명적인 인민대중이 탄생하게 된다는 것이다. 한마디로 말하여 수령이 있고서야 공산당이 있을 수 있고, 수령이 있고서야 노동계급과 인민대중도 있을 수 있으며, 국가와 군대 등 모든 것이 있을 수 있다는 것이다. 스탈린주의의 수령론에서는 수령의 독재의 필요성을 인정하면서도 수령이 당과 노동계급과 인민을 위하여 복무하여야 한다는 사상이 남아 있었다. 그러나 북한 통치자들의 수령절대주의에서는 수령이 인민을 위하여 존재하는 것이 아니라, 수령을 위하여 인민이 존재하는 것처럼 완전히 본말을 전도한

이론을 주장하게 되었다."

2. 포전담당제는 많게는 20명 정도 되는 분조를 3~5명 단위로 다시 쪼개 이들에게 일정한 토지 즉, 포전을 줘 농사를 짓게 한 뒤 수확물 가운데 일부를 자유롭게 처분할 수 있도록 하는 영농 방식

2부

북한 급변사태와 통일추진방안

세종연구소 연구위원 오경섭

1장
서론

한국의 정책결정자들과 전문가들은 독일통일과 동구 사회주의권 붕괴를 목격하면서 북한 급변사태 가능성에 주목했다. 북한정권이 언제 붕괴할지는 모르지만 붕괴 가능성이 높은 취약한 정권이라는 사실을 깨달았기 때문이다.[1] 한국사회에서는 북한의 정치적 위기가 고조될 때마다 급변사태 가능성이 부각되었다. 북한 급변사태론은 1990년대 초·중반 김일성이 사망하고 대기근이 발생했을 때와 김정일이 뇌졸중으로 쓰러진 2008년 8월경에 다시 제기되었다.[2] 이명박 대통령은 북한의 급변사태 가능성을 염두에 두고 "대한민국 통일은 아마 도둑같이 올 것"이라고 강조했다.[3]

북한 급변사태가 발생할 것인가는 논쟁적이다. 일부 전문가들은 김정은 정권의 붕괴가능성이 낮다고 주장한다. 그러나 북한정권이 다른 독재정권이나 사회주의국가들의 운명과 크게 다를 것이라고 볼 수는 없다. 제2차 세계대전 이후 수많은 독재정권과 구소련과 동유럽 사회주의 국가들이 붕괴했다. 그러므로 북한정권 붕괴 가능성이 낮다고 하더라도 정권붕괴 가능성이 존재한다면 한국정부는 북한 급변사태에 철저하게 대비해야 한다. 왜냐하면 북한 급변사태는 한국안보에 심각한 위기를 조성할 뿐만 아니라 남북한 통일의 기회가 될 것이기 때문이다.

북한 급변사태는 북한 내부의 인도적 위기, 내전 발생 가능성과 남한으로 분쟁의 확산 가능성, 대량 난민 발생, 대량살상무기 통제, 중국정부의 개입 가능성 등을 촉발함으로써 한국의 안보에 심각하고 중대한 위기를 조성할 것이다. 또 북한 급변사태는 북한정권 붕괴 이후 남북한 통일을 추진할 수 있는 결정적 기회를 제공할 것이다. 그렇다면 한국정부는 북한 급변사태 이후 어떻게 통일을 추진할 것인가?

이 연구의 목적은 북한 급변사태 이후 한국정부의 통일추진방안을 분석하는 것이다. 이 연구는 북한 급변사태 이후 통일추진방안에 초점을 맞추기 위해서 몇 가지 전제를 설정할 것이다. 연구의 전제는 어떤 이유로든 북한 급변사태가 발생했고, 한·미 연합군이 군사적 개입을 통해 무정부 상태에 있는 북한지역의 치안을 확보했으며 한국정부의 주권이 북한지역에까지 미치는 상황이라는 것이다. 그러므로 북한 급변사태와 관련한 논쟁, 이를테면 정권 붕괴 가능성과 유형, 급변사태 시나리오와 신정부 등장 여부, 한국군의 개입 여부와 개입 능력 등은 별도로 다루지 않을 것이다.[4]

이 연구는 다음의 세 가지 주제를 중심적으로 다룰 것이다. 우선 북한 급변사태 양상과 한국정부의 대응방안을 개략적으로 살펴볼 것이다. 북한 급변사태 이후 통일을 추진하기 위해서는 급변사태 양상을 이해해야 하며 통일을 염두에 두고 북한 급변사태 대응방안을 마련해야 하기 때문이다. 둘째, 즉각적 통일과 북한군 무장해제에 대해서 분석할 것이다. 통일 과정에서는 즉각적 통일을 추진할 것인지 아니면 점진적 통일을 추진할 것인지를 결정해야 한다. 어떤 통일이냐에 따라서 북한 급변사태 이후 한국정부의 대응방안이 크게 달라질 것이다. 즉각적 통일은 신속하게 남북한 정치·경제 통합을 추진하는 것이 중요하지만 점진적 통일은 북한의 체제전환과 민주정부 수립을 지원하는 데 초점을 맞춰야 한다. 셋째, 통일추진방안은 민주주의·시장경제 도입·공고화, 남북한 정치·행정 통합, 과거청산을 다룰 것이다.[5]

이 연구의 범위는 북한체제 붕괴 이후 남북한의 정치·경제체제가 즉각적으로 통합되는 시기까지만 다룰 것이다. 이 연구는 북한붕괴 후의 혼란을 수습하고 통일한국이 자유민주주의와 시장경제체제로 통합하여 일정 수준의 안정을 이룬 과도기 이후의 상황은 다루지 않는다. 남북한의 정치·경제 체제가 통합되고 자유민주주의와 시장경제체제가 어느 정도 안정화된 이후에는 통일한국을 운영하는 데 더 효율적인 새로운 국가체제와 정치체제에 대한 논의를 시작할 수 있을 것이다. 구체적으로 통일한국에서 새로운 국가체제에 대한 논의는 단일국가를 지속할 것인지 아니면 연방제로 전환할 것인지에 관한 것이며 새로운 정치체제는 대통령제와 내각제에서 선택의 문제가 될 것이다.

이 연구는 총 5장으로 구성한다. 2장은 북한 급변사태에 대한 개념과 한국정부의 대응방안을 다룬다. 한국정부의 대응방안은 급변사태 비상계획과 작전계획 5029, 핵심 사안별 대응을 분석할 것이다. 3장은 즉각적 통일 추진과 북한군 무장해제를 다룬다. 이 장은 즉각적 통일을 추진해야 할 근거를 제시하고 북한군 무장해제와 군사통합을 다룰 것이다. 4장은 통일추진방안으로 민주주의·시장경제 공고화, 정치·행정 통합, 과거청산을 다룬다. 5장은 결론을 제시한다.

2장
북한 급변사태 대응방안[6]

북한 급변사태

북한 급변사태의 개념은 어떤 이유로든 북한정권이 붕괴함으로써 정부 부재 상태이거나 무정부적 상태를 수습하기 위해서 한·미 연합군의 군사적 개입이 이루어진 상황이라고 정의한다.[7] 한·미 연합군의 군사적 개입이 불필요한 상황은 급변사태로 다루지 않을 것이다. 예를 들어 최고지도자가 쿠데타나 암살을 통해서 제거되었더라도 신속하게 신정부가 수립되었다면 급변사태가 종료된 것으로 볼 것이다. 또 정부군과 반군 사이에 내전이 발생했더라도 기존 정부가 반군을 제압하거나 반군이 정부를 장악함으로써 통치권을 확보함으로써 한·미 연합군의 군사적 개입이 이루어질 필요가 없다면 급변사태로 다루지 않을 것이다.

북한정권 붕괴는 정권 기능 상실, 분쟁과 내전, 인도주의적 위기, 대규모 난민, 대량살상무기 통제 등의 문제를 야기할 것이다. 무엇보다도 한반도 분쟁이나 내전이 발생할 수 있다. 북한정권이 붕괴함으로써 무정부 상태가 조성될 경우 북한군은 주둔 지역을 중심으로 여러 파벌로 분열될 가능성이 높다. 각 파벌들은 중앙정부를 장악하거나 식량과 자원을 획득하거나 생존을 위해서 교전을 벌일 수도 있으며 최악의 경우에는 전면전을 일으킬 수도 있다. 각 파벌들은 휴전 협상 없이 승리할 때까지 내전에 임하고 극단적 상황에서 대량살상무기(WMD)를 사용할 수도 있다. 만약 내전에서 대량살상무기가 사용된다면 군인들은 물론이고 북한주민들도 엄청난 숫자가 희생될 가능성이 있다.[8] 내전은 인도주의적 위기를 더욱 악화시키고 대량난민을 발생시키는 결과를 초래할 것이다.

인도주의적 위기는 매우 심각한 양상으로 진행될 것이다. 북한정권이 붕괴하면 정부가 제공하는 각종 서비스들이 사라진다. 특히 만성적 식량 부족 상황에서 식량배급이 중단될 경우 1990년대 중반보다 더 심각한 기근이 발생할 수도 있다. 국가배급에 의존하는 당·정·군·보위기구·평양시민 등은 가장 큰 타격을 받게 될 것이다. 내전이 발생할 경우 식량 부족은 더욱 심각해질 것이다. 북한주민들은 식량 부족으로 인한 기근에 시달리고 열악한 위생 상태와 의약품 부족으로 인한 질병에 고통을 당할 것이다.[9] 북한정권 붕괴는 북한 전역에서 광범위한 인권침해를 야기할 수도 있다. 북한주민들은 보위기관 출신 인사들을 살해할 수도 있고, 특정 지역을 장악한 군과 보위기관들은 반대파를 지지하는 주민들을 학대하거나 살해할 수도 있다.[10] 인도주의적 위기가 발생하면 중국이나 한국의 접경지역에 대규모의 북한 난민이 더 증가할 것이다.

북한정권 붕괴는 한국으로 파급될 위험이 있다. 북한정권은 북한 내부의 위기를 벗어나기 위해서 한국에 대한 군사 공격을 감행할 수도 있다. 일부 파벌들은 국내 정치적 목적으로 남한에 대한 공격을 시도하거나 대량살상무기를 남한에 사용할 수도 있다. 핵무기나 생화학무기 등 대량살상무기(WMD)와 각종 무기들이 국가의 통제를 벗어나서 한국에게 사용될 경우 피해는 더 커질 것이다.[11]

중국이 군사적으로 개입할 수도 있다. 중국은 대규모 난민 발생을 저지하고 대량살상무기를 통제한다는 명목으로 개입할 수도 있고, 특정 파벌의 원조 요청을 통해 개입할 수도 있다. 중국의 군사적 개입으로 한·미 연합군과 중국군의 군사적 충돌이 발생할 수도 있고, 남한 중심의 통일을 반대할 수도 있다. 이러한 상황은 통일에 매우

부정적 상황이 될 것이다.[12]

한국정부 대응방안

-급변사태 비상계획과 작전계획 5029

한국정부는 북한 급변사태 이후 인도주의적 재난, 내전과 북한군 무장해제, 대량살상무기 통제, 대량 난민, 중국의 군사적 개입, 한반도 통일 추진 등에 대비해야 한다.[13] 국제정치의 현실을 고려할 때 한국의 개입은 국제법적 문제라기보다는 개입 의지와 이를 뒷받침할 수 있는 군사력의 문제다. 한국정부는 북한이 우리의 영토라는 사실을 근거로 한국의 주도적 개입을 선언해야 한다. 국제정치 현실에서 한국이 주도적으로 개입할 수 있는 물리적 기반은 한미동맹이다. 개입형태는 한미연합사의 개입과 유엔 차원의 개입을 병행하는 것이 적절하다. 급변사태가 발생하면 한미연합사 차원에서 즉각적으로 개입하고, 유엔 차원의 다국적군 개입을 추진해야 한다.

한국정부는 비상계획 및 부처별 대응방향을 보완해야 한다. 급변사태 비상계획은 부처 단위로 분산된 대비책을 국가안보실을 중심으로 범정부 차원에서 통합·재정비하고, 대응 매뉴얼을 작성해서 훈련하며, 유관 부처 간 조정과 협력을 정기적으로 시행해야 한다.[14] 급변사태 대응의 핵심은 군사적 능력이다. 북한 내에서 군사적 안정화 작전을 실행하는 데 소요되는 병력은 최소 25만 명에 달한다.[15] 한국정부는 단독으로 급변사태에 개입할 수 있는 군사적 능력이 없기 때문에 미국의 즉각적 개입을 약속받고 한미연합사 차원의 군사적 대응방안을 마련해야한다.

한·미 양국은 한미연합사 차원에서 '작전계획 5029'를 마련했다. 작계 5029는 북한 정권 교체와 쿠데타 등에 따른 북한 내전, 핵·생화학무기·미사일 등 대량 살상 무기의 반군 탈취 또는 해외 유출 가능성, 북한 주민 대량 탈북, 대규모 자연재해에 대한 인도주의적 지원 작전, 북한 체류 한국인에 대한 인질 사태 등 6가지 시나리오로 구성되었다.[16] 한·미 양국은 작계 5029를 정교하게 보완하고 군사적으로 숙달해야 한다. 2013년에 한·미 특수부대는 급변사태 시 적지 침투와 보급에서부터 급변사태에 대비한 북한 내 저항세력 지원과 구축 등에 이르기까지 다양한 작전을 포함한 특수전 훈련을 지속적으로 실시해야 한다.[17]

한미 양국이 2014년 1월 7일 열린 외교장관회담에서 북한 급변사태를 논의할 한·미 채널을 구축하고 일본과 중국까지 포괄하는 다자 협의체로 발전시키기로 한 것은 매우 적절하다.[18] 한국정부는 북한 급변사태를 논의할 한·미 채널을 정기적으로 운영하면서 '군사적 안정화와 한반도 통일 방안'을 수립해야 한다. 한·미 양국은 일본과 중국의 참여를 타진해서 한·미 채널을 다자 협의체로 발전시켜야 한다. 다자 협의체에서 한국정부는 북한 급변사태에 대한 한국의 주도적 개입과 한반도 통일에 대한 동의와 협조를 얻어야 한다. 물론 다자 협의체가 가동되더라도 한·미 채널은 다자협의체와 병행해서 운영해야 한다.

-핵심 사안별 대응방안

한국정부는 급변사태 과정에서 발생하는 구체적 위기 상황에 대한 대응방안을 마련해야 한다. 내전이 발생할 경우 파벌들 간 내전을 중단시키는 것이 가장 중요하다. 한·미 양국은 내전으로 인한 위협을 완화시키기 위해 단기적으로 분쟁을 신속하게 중지시켜야 하며, 중기적으로 북한군의 위협을 제거해야 한다. 분쟁 중단을 유도하기 위해서는 교전을 중단할 수 있는 인센티브를 제공해야 한다. 각 파벌들에게 식량·돈, 사면 보증 등의 인센티브를 사용하거나 한·미 연합군이 각 파벌들을 반대파들로부터 보호한다는 것을 약속해야 하며 군인들이 안정적으로 생활할 수 있도록 직업을 알선해야 한다.[19] 내전을 중단시킨 후에는 북한군 무장해제 조치를 취해야 한다. 북한군 무장해제는 후술할 것이다.

한·미 연합군은 대량살상무기 통제 방안을 마련해야 한다. 북한 정권이 붕괴하면 핵무기를 비롯한 대량살상무기 통제위기가 발생한다. 내전이 발생할 경우, 각 파벌들은 군사적 우위에 서거나 경제적 목적을 가지고 대량살상무기를 차지하기 위해 경쟁할 것이다. 최악의 상황은 대량살상무기를 확보한 특정 파벌들이 대량살상무기를 사용하거나 제3자에게로 팔아넘기는 것이다. 이 무기를 북한 내에서 사용하거나 남한에 대한 군사적 위협 수단으로 사용할 경우 막대한 인명피해가 발생할 것이다. 한·미 양국은 급변사태가 발생할 경우 작계 5029에 따라 대량살상무기 통제를 위해 즉각 개입할 것이다.[20] 한국정부는 한·미 간 협의채널과 다자 협의체에 참여하는 국가들의 정보를 종합해서 대량살상무기의 위치와 목록을 작성하고, 공세작전과 제거작전 계획을 수립해야 한다.[21] 대량살상무기 통제는 한미연합사를 중심으로 하되 중국·일본의 군사적 지원을 받는 방안도 협의해야 한다.

한국정부는 인도주의적 재난구호 계획을 수립해야 한다. 한국정부가 인도주의적 재난에 적절하게 대처하지 못할 경우 남북통일은 실패로 규정될 것이고 그 결과는 대규모 탈북자 발생으로 나타날 것이다.[22] 한국정부는 북한주민들에게 긴급 구호물품을 제공하기 위해 유엔을 중심으로 한 국제사회의 즉각적 개입을 요청하고 동시에 정부 차원에서 인도주의적 지원을 실행하기 위한 재원과 물자 조달 방안을 마련해야 하며 북한 내 분배계획을 수립해야 한다.

대량난민 발생에도 대비해야 한다. 급변사태는 주민들에게 식량과 안보 문제를 발생시킨다. 많은 주민들이 식량을 구하고 안전을 확보하기 위해서 중국이나 한국으로 탈출할 것이다.[23] 난민 규모는 70만 명 정도로 예상된다. 이중 20만 명은 1달 안에, 나머지 50만 명은 3개월 내에 탈북할 것으로 예상된다.[24] 휴전선이 무너질 경우 한국으로 유입되는 난민의 규모는 더 많아질 수도 있다. 한국정부는 급변사태 초기에 대략 20만 명 정도를 수용할 수 있는 난민 수용시설과 식량 조달 계획을 세우고, 국제사회나 중국과의 긴밀한 협력방안을 마련해야 한다. 중국은 국경 지역의 안정에 정책 우선순위를 두고 있어서 대량 탈북을 막기 위한 방안을 강구할 것이다.[25] 또 한국정부는 북한 내에서 주민들의 동요를 막고 대량탈북을 예방하기 위한 조치를 실행해야 한다. 한국정부는 독일의 경우 1990년 6월 30일 동서독 간 경제·화폐·사회통합이 체결되면서 탈출자가 급감했다는 사실을 참고해야 한다.[26]

한국정부는 중국의 군사적 개입에 대비해야 한다. 최근 들어 중국은 북한 급변사태에 개입한다는 의도를 노골적으로 드러내기 시작했다.[27] 중국은 자국의 국가이익을 위해 대량살상무기를 통제하고, 중국으로 넘어오는 대량 난민의 발생을 막는다는 구실로 개입할 가능성이 높다. 만약 내전에 참여하는 한 파벌에서 중국의 군사적 개입을 요청할 경우 이를 막기 어렵다. 중국이 북한에 개입할 경우 통일을 좌절시키기 위해 노력할 수도 있다. 자칫하면 한·미 연합군과 중국군 간 분쟁이 발생할 수도 있다. 중국이 통일을 좌절시키려 노력하는 가운데 중국과의 분쟁이 발생하면 한반도 통일은 더욱 어려워질 것이다.[28]

한국정부는 중국의 독자적인 군사 개입에 반대한다는 입장을 취해야 한다. 그러나 중국이 유엔의 일원으로 참여하거나 한국의 주도적 역할과 한국 중심의 통일에 동의한다면 대량살상무기 제거 등 제한적 범위에서 중국군과 협력할 수 있을 것이다. 또 중국이 한국 주도의 통일에 반대하지 않도록 한반도 통일이 중국의 안보에 위협이 아니면 중국의 국가이익도 침범하지 않을 것임을 설명해야 한다. 한미 양국이 한반도 통일 이후에 북한지역에는 주한미군을 주둔시키지 않을 것이라고 중국정부에게 미리 약속할 필요도 있다.

3장
즉각적 통일과
북한군 무장해제

즉각적 통일 추진

북한정권이 붕괴된 상태에서 한국정부는 신속하게 통일 여부를 결정해야 한다. 왜냐하면 통일을 어떻게 추진하느냐에 따라 한국정부의 급변사태 대응방향도 달라지기 때문이다. 북한 급변사태 이후 통일방안을 다룬 연구는 정상돈·김진무·이강규의 연구가 거의 유일하다. 정상돈·김진무·이강규는 북한의 안정화를 거친 점진적 통일을 주장한다. 이 통일방안은 1단계에서 북한의 자유선거를 통해 민주합법정부를 세우고, 2단계에서 한국정부와 북한의 민주합법정부 사이에 국가연합을 추진하며, 3단계에서 완전한 통일을 실현한다는 것이다.[29] 이것은 북한 급변사태 이후 민족공동체 통일방안에 따른 통일방안을 제시한 것이다. 그러나 이 연구는 단계적 통일의 실현가능성, 단계별 이행조건과 실행방법, 이행 시기 등에 대해서 자세하게 설명하지 않았다.

정상돈·김진무·이강규는 단계적 통일방안과 함께 즉각적 통일의 필요성도 제안했다. 이들은 즉각적 통일과 점진적 통일이 모두 장·단점이 있지만 조기통일방안이 급변사태로 인한 부작용을 최소화할 수 있다고 주장한다.[30]

"한반도에서 남북한이 통일을 추진할 경우에도 점진적인 경제통합과 화폐통합을 추진할 경우 과도기 동안 많은 논란과 잡음이 발생하면서 통일로 가는 길이 흔들릴 수 있다. 이런 점을 고려하면 이론적으로는 점진적 경제통합과 화폐통합을 통한 점진적 통일방식이 그럴 듯하게 보여도 실제로 적용하는 과정에서 많은 문제를 초래할 수 있다는 것을 생각하게 된다. 때문에 한반도에서도 급진적인 경제통합과 화폐통합을 통한 조기통일을 추진하는 것이 바람직할 수 있다. 다만 독일처럼 화폐통합의 비율을 무리하게 적용하지는 말아야 할 것이다."[31]

이들은 콜 정부의 조기통일 정책을 예로 들면서 점진적 통일방식의 문제점과 즉각적 통일의 필요성을 주장한다. 콜 정부가 급진적 경제통합과 화폐통합을 추진한 배경을 보면 즉각적 통일의 장점과 점진적 통일의 문제점을 알 수 있다는 것이다.

"콜 정부는 동독의 사회주의 경제시스템을 점진적으로 시장경제 시스템으로 이행시키는 과정의 마지막 단계에서 화폐통합을 실시하면 과도기 몇 년 동안에 많은 잡음과 논란이 발생할 수 있음을 걱정했다. 또한 이 기간 동안에 서독이 동독에 엄청난 경제지원을 하지 않을 수 없다는 점도 우려했고, 점진적으로 통일이 추진되는 과도기 기간 동안 동독의 기존 엘리트들이 사회주의적 유산을 지키려고 할 것이라는 점도 우려했다. 그리하여 점진적 경제통합과 화폐통합 대신 급진적 화폐통합을 추진하면서 조기통일정책을 추진한 것이다."

북한 급변사태 이후 통일추진방안도 즉각적 통일이냐 아니면 점진적 통일이냐가 대립한다. 즉각적 통일론은 신속하게 남북한 정치·경제 체제를 통합하자는 주장이다. 이러한 통일은 남한의 정치·경제 제도를 북한에까지 확장해서 단일한 민주주의·시장경제 체제를 구축하는 것을 의미한다. 반면 점진적 통일론은 남북한 정치·경제 체제를 분리해서 운영하자는 주장이다. 이 경우 한국정부는 북한의 체제전환과 신정부 수립을 지원하고 특구, 한시적 분리방안, 연방제 등 남북한 정치·경제 체제를 분리·운영할 방안을 모색해야 한다.

점진적 통일론은 우리 사회에서 주류적 통일방안이다. 한국의 정책결정자들과 전문가들은 점진적 통일이 과도한 통일비용과 남북한 간 이질성을 극복할 수 있는 최적의 대안이라고 생각한다. 과도한 통일비용은 한국경제를 위험에 빠뜨릴 수 있고 남북한 간 이질성은 통일 이후 심각한 사회갈등을 야기할 수 있다고 주장한다. 그러므로 통일비용과 남북한 간 이질성을 해결하거나 완화하기 위해서는 북한체제의 점진적 변화를 유도해서 통일해야 한다는 것이다.[32] 점진적 통일은 실현가능성만 있다면 통일의 부작용과 후유증을 최소화할 수 있는 이상적 대안이다.

그러나 점진적 통일은 북한체제의 현실을 고려할 때 실현 가능성이 낮다. 무엇보다도 북한체제가 개혁개방을 통해 변할 것이라는 핵심 가정이 성립될 수 없기 때문이다. 북한정권은 민주개혁을 추진하지 못할 것이다. 민주개혁은 수령이 자신에게 집중된 권력을 분산시킴으로써 자신의 권력기반을 허물어뜨리는 일이다. 그런데 북한의 술탄주의적 전체주의 체제는 공포통치와 압제에 의해 유지된다. 북한정권이 민주개혁을 통해 공포통치와 압제를 포기하거나 크게 완화시키면 쿠데타나 민중봉기와 같은 강력한 정치적 저항에 부딪쳐 붕괴할 가능성만 높일 것이다.[33]

점진적 통일에서 설정하고 있는 남북한 합의통일도 불가능하다.

합의통일이 실현되려면 남북한 정부의 일방이나 쌍방이 주권의 전부나 일부를 포기해야 한다. 그러나 북한정권이 민주주의를 수용할 가능성이 없는 조건에서 한국정부가 민주주의 체제를 위험에 빠뜨리면서까지 합의통일을 추진할 가능성도 없다. 또 권력의 속성상 북한정권이 주권의 전부나 일부를 스스로 포기하는 일도 일어나지 않을 것이다.[34]

북한정권이 붕괴되면 점진적 통일은 더 어려워진다. 북한정권 붕괴 이후 북한주민들은 동독주민들이 그랬던 것처럼 남한 주도의 즉각적 통일을 요구할 가능성이 높다. 동·서독의 경우를 보자. 동·서독의 정치지도자들과 주요 정당, 심지어 민주개혁 운동을 주도한 동독의 시민운동 세력들까지 조약공동체와 국가연합을 통한 점진적·단계적 통일을 추진했다. 그러나 동독주민들은 서독의 경제적 풍요를 나누고 싶은 열망으로 조기통일을 요구했고 그 결과 독일통일이 실현되었다.[35]

북한주민들은 동독주민들과 같이 조기통일을 요구할 가능성이 높다. 북한주민들은 북한정권 붕괴 이후 경제적 전환과 개혁 과정에서 실업과 경제침체 등으로 인한 고통을 겪어야 한다. 개혁의 고통은 남한의 경제적 풍요를 공유하길 원하는 북한주민들의 통일 열망을 폭발시킬 것이다. 그러나 경제적 풍요를 원하는 북한주민들의 조기

통일 요구를 막을 방법이 거의 없다. 이러한 맥락에서 북한 붕괴 시 남한 중심의 흡수통일 외에는 다른 대안을 찾기 어렵다.[36]

통일 이후 경제통합에 관한 연구도 남북한 경제의 분리운영이 그럴듯해 보일지 모르지만 시장경제의 정상적 작동을 왜곡함으로써 심각한 후유증을 남긴다고 지적하면서 즉각적 통합을 권고한다. 즉각적 통일의 반대 근거 중 하나인 통일비용은 너무 과도하게 계산되었고, 통일은 비용보다 더 큰 편익을 제공한다고 주장한다. 또 남북한 인구이동은 지역 간 소득격차를 완화할 수 있고, 도산단계에 있는 남한의 한계기업들에게 저임금 노동력을 제공할 수 있다고 지적한다. 통화통합은 어느 정도 부작용이 있겠지만 북한 지역의 경제활동을 수행하는 데 필요한 경화를 제공함으로써 후속적인 투자유치 및 기업 활동에 도움을 줄 수 있다는 것이다.[37]

이상에서 살펴본 것처럼 점진적 통일은 북한체제를 정치적·경제적 혼란에 빠뜨릴 위험이 높다. 그러므로 한국정부는 즉각적으로 남북한의 정치·경제통합을 추진하고 강력한 개혁과 경제부흥정책을 추진해야 한다. 한국정부는 통일에 대한 과도한 두려움을 극복하고 독일통일에 대한 연구를 통해서 과도한 통일비용과 남북한의 이질성 문제를 완화시킬 방안을 모색해야 한다. 하젤로프 독일 작센안할트주 총리는 독일통일 25주년 기념 국제학술회의 기조연설에서 동독의 사례를 언급하면서 남북한의 즉각적 통일을 너무 비관적으로 볼 필요가 없다고 지적한다.

"한국에 와 보니 한국인들이 '통일을 감당할 수 있을까?' 하고 걱정하는 것이 느껴졌다. 부국 독일이라고 해서 혼자 통일을 이룬 게 아니다. 통일 이후 주변국에서 수십억 유로를 지원받았다. 한국도 그런 행운이 함께할 것"이라고 말했다. (중략) "현재 동독은 서독 경제의 80%를 따라잡았다." (중략) "자본주의·민영화 개혁으로 실업률이 20%까지 올라갔지만 꾸준히 재교육과 고용을 연계한 실업보험을 실시했다. 도로·공항 등 낙후한 인프라에도 막대한 재원을 투자해 새로 정비했다. 그 결과 전국 평균의 60%에 그쳤던 작센안할트의 노동생산성은 현재 기계산업 등 분야에서 옛 서독지역을 앞지르고 있다"는 것이다. 그는 "실업률도 한 자리대로 떨어졌다. 최근에는 동독 출신 젊은이들이 고향으로 돌아오는 현상도 나타난다"[38]고 강조했다.

북한군 무장해제와 사회 안정화

한국정부는 북한지역 관할권과 비상계엄령을 선포한 후 한미 연합군을 통해서 군사적 안정화와 사회 안정화 임무를 수행해야 한다. 군사적 안정화는 사회적 무질서와 혼란 상황을 수습하고 치안을 확보하며 사회 질서를 유지하는 일이다. 군사적 안정화 임무는 북한군의 무장해제, 치안 확보, 국경선 안정 조치, 각종 생필물자 수송 등이다.[39] 군사적 안정화의 핵심 임무는 120만 명에 달하는 북한군 무장해제다. 북한은 120만 명의 정규군과 78만의 예비 병력을 보유하고 있다. 정규군에는 20만 명 정도의 특수부대, 21만 명 정도의 인민보안성 인력과 10만 명의 민간 직원, 5~9만 명의 국가안전보위부 인력 등이 포함된다.

한국정부는 동·서독 사례와 같이 인민군을 해체한 후에 통일한국군을 북한지역에까지 확대·배치해야 한다.[40] 북한군 무장해제는 무장해제, 동원 해제, 재투입과 재통합(DDR)을 진행해야 한다.[41] 특히 북한군의 재투입과 재통합이 중요하다. 왜냐하면 북한군의 재통합이 이루어지지 않으면 직업이 없는 제대 군인들이 범죄단체나 반군 활동에 가담할 수 있는 가능성이 높기 때문이다. 실제로 이라크전에서 미군은 후세인 군대를 해산시켜서 군인들을 집으로 돌려보냈으나 직업이 없는 군인들은 반군에 합류한 경우가 많았다.[42]

브루스 베넷 박사는 무장해제된 북한군의 재통합을 민간 사회로의 재통합, 군사통합, 공공 서비스 투입 등으로 제시한다. 첫째, 민간사회로의 재통합은 일부 북한군 병력들을 민간 사회로 재통합하는 것이다. 이것은 과학자·공학자 등 민간 경제에서 직업을 확보할 수 있는 일부 개인에 한정되어야 하며, 은퇴를 앞두고 있는 고위 인력들까지 대상에 포함될 수 있다.[43] 이처럼 민간에서 안정적 직장을 확보하거나 연금 혜택을 보장받을 수 있는 고위 인력들은 큰 문제가 없을 것이다.

둘째, 군사통합은 거의 모든 현역 북한군 병력을 한반도 통합군에 통합시켜야 한다. 해당 병력들은 이후 통합군에서 임무를 수행하는 인력 그룹과 공공 서비스를 실시하는 그룹으로 나눠져야 한다. 군사 임무를 수행하는 인력은 북한군 병력의 20% 가량을 차지할 수 있으며 북한군 부대의 무장해제, 북한군 무기의 안전 확보, 반군 및 범죄 조직에 대한 대항 등의 활동을 수행할 수 있다. 이 과정에서 군 조직 재정비, 인민군의 선별적 흡수와 교육 훈련, 각종 무기와 시설 정비, 군인복지 개선, 지뢰제거 등 내부통합작업을 진행해야 한다. 북한군 병력의 유지 비율은 1년 내로 20%에서 10%로 하락할 수 있으며, 3년 내로 해당 비율은 3~5%까지 떨어질 수 있다.[44] 군사통합에서 의무복무 중인 일반병사들은 대부분 전역시키고 장기복무 군인과 직업군인들은 동독에서와 같은 방식으로 3단계에 걸쳐 최소한의 인원들에 대해서만 인수여부를 결정해야 한다.[45]

셋째, 공공 서비스는 무장해제된 대부분의 북한군 부대를 기반 시설 수리, 새로운 건설 활동 및 기타 활동을 수행하기 위해 즉시, 현장에 투입하는 것이다. 북한 내 대부분의 도로들은 아직 포장되지 않았으므로 한국과 미국의 지상군 병력이 인도주의적 지원을 제공하고 안전한 환경을 구축하며 대량살상무기 및 기타 무기들을 확보하기 위해 북한 내부에 접근하는 과정에서 어려움을 겪지 않도록 다수의 북한군 부대들은 북한의 도로망 건설에 투입되어야 한다.[46]

북한군 무장해제와 군사통합을 안정적으로 추진하기 위해서는 군 조직 재정비, 인민군의 선별적 흡수와 교육 훈련, 각종 무기와 시설 정비, 군인복지 개선, 지뢰제거 등 내부통합작업을 진행해야 한다. 또 전역한 직업군인들이 안정적으로 생활할 수 있도록 연금 혜택을 제공하고 자립적 생활을 지원하기 위해서 사회적응교육과 적극적인 취업 알선을 통해 민간으로 재통합을 촉진시켜야 한다.[47]

한국정부는 한미 연합군을 중심으로 군사적 안정화 임무를 실시하면서 북한의 질서와 안정을 유지하기 위한 인도적 지원, 재건 지원, 사회 안정화 지원 등을 실행해야 한다. 인도적 지원은 구호, 의료·교육 지원, 마약퇴치 등이고, 재건지원은 행정·사법·경찰·경제·관세·금융 등 기존 사회제도를 개선·개혁하며 도로, 발전 시설, 교량, 병원 및 학교 등 기간시설을 건설하는 것이다. 사회 안정화는

치안 보조, 무기 회수, 레지스탕스 소탕, 주민이탈 처리, 주민성향 파악 등을 담당해야 한다.[48]

　한미 연합군은 한국정부가 남북한 정치·경제 통합을 추진할 수 있도록 사회를 안정시키는 데 초점을 맞춰야 한다. 우선 한미 연합군은 정치적 안정을 위해서 당·군·국가·보위기구 등 권력기구에서 일정 직급 이상의 핵심 간부들을 체포·구금하거나 가택 연금 조치를 취해야 한다. 이들은 남북한 정치체제를 통합한 이후에 공식적인 과거청산 과정에서 법치주의원리에 따른 사법 절차를 거쳐 처벌되어야 한다. 이에 대해서는 과거청산에서 자세히 다룰 것이다. 또 당은 해체하고 보위기구들은 북한군 무장해제와 동일한 방식으로 완전한 무장해제를 실시해야 한다. 그러나 무장을 하지 않은 내각의 모든 국가기구와 조직들의 중하급 간부들은 각종 사회제도와 시스템이 마비되지 않도록 정상적으로 출근하면서 일상적 업무를 수행해야 한다.

4장
통일추진방안

민주주의 공고화와 한국정부의 역할

북한에서 북한군 무장해제, 과거청산, 민주주의·시장경제 도입, 정치·경제 통합, 사유화와 화폐통합 등은 거의 동시에 또는 약간의 시차를 두고 진행되어야 한다. 한국정부는 군정을 통해서 북한군 무장해제와 사회 안정화가 이루어지면 신속하게 북한의 공산주의 체제를 해체하고 민주주의·시장경제 제도를 도입해야 한다. 장기적인 통일의 성패는 북한에서 공산당 기득권층을 척결하고 민주주의·시장경제 제도를 도입·공고화할 수 있느냐에 의해 결정될 것이다. 성공적인 통일을 위해서는 개인의 자유로운 정치생활과 경제활동을 보장할 수 있는 포용적 정치·경제 제도를 도입함으로써 경제성장을 촉진해야 한다.[49] 민주주의는 시민 자유와 정당·선거 등을, 시장경제는 재산권, 안전한 계약, 시장 진·출입의 자유, 정보의 자유, 법의 지배 등을 제도적으로 보장해야 한다.[50]

　북한체제에 민주주의·시장경제 제도를 도입하는 과정은 상당한 어려움이 예상된다. 로드 헤이그(Rod Hague)·마틴 해롭(Martin Harrop)은 신생민주주의 국가들에서 민주주의 공고화의 어려움을 다음과 같이 지적한다.

"민주주의 공고화가 한 사람의 통치를 법의 통치로 대체하는 것을 요구하는 만큼 그 과제는 신생민주주의에서 여전히 불완전하다. 구 정권에서 물려받은 유산은 계속해서 진보를 제한한다. 지배적인 공산당들과 군사평회의는 사법부로부터의 어떠한 간섭도 허용하지 않았고 인권에 대한 진술을 포함하여 헌법에 유의하지도 않았다. 대의제적 장치가 약한 것에 비례해서 억압기관들(군부, 정보기관들과 경찰)은 강한 힘을 발휘하였다. 새로운 통치자들이 아무리 좋은 의도를 가지고 있었다 하더라도 권위주의적 역사에서 자유민주주의를 건설한다는 것은 미국헌법의 입안자들이 직면했던 백지상태의 그림, 요컨대 이전에 중대한 의미를 갖는 그 어떤 국가도 존재하지 않았던 곳에서 신생국가를 계획하는 것보다 더 큰 도전인 것이다."[51]

북한에서 민주주의 공고화에 성공하고 이를 기반으로 경제부흥을 추진하려면 몇 가지 조건이 충족되어야 한다. 우선 공산당의 기득권 구조를 타파하고 기득권세력을 철저하게 청산해야 한다.[52] 북한의 기득권 구조와 기득권세력을 청산하는 데 실패하면 개혁이 지체되거나 좌절될 가능성이 높아진다. 구소련에서 분리 독립한 중앙아시아 국가들의 체제전환 과정에서는 공산당 기득권세력들이 정치·경제를 다시 장악했고 개혁을 지체시켰다. 그 결과 중앙아시아 국가들은 민주주의 공고화와 안정적 경제성장에도 실패했다.

통일 이후 북한체제는 공산당 기득권 구조 혁파, 과거청산, 민주주의·시장경제 제도 도입·공고화, 남북한 정치·경제 통합, 경제부흥 등 매우 복잡한 과제들이 대두된다. 또 경제개혁 과정에서 불평등, 사회적 혼란, 대중들의 실망과 고통으로 인해서 개혁의 패자들이 강한 정치적 반대 운동을 진행할 수도 있다. 정치적 불안정이 지속되면 민주적 이행과 경제개혁에 실패할 수도 있다. 북한의 민주적 이행과 경제부흥을 성공적으로 추진하려면 강력한 정치지도자와 민주 정치세력이 등장해야 한다. 강력한 정치지도자가 정확한 정치적 판단, 신속한 의사결정, 다양한 이해관계 조정 등을 실행하면서 반대파에 굴복하지 않고 대중들의 지지를 이끌어내고 일관되게 개혁을 밀어붙여야 한다.[53]

그러나 북한정권 붕괴 이후 북한의 정치적 불확실성이 높다. 북한은 야당과 시민사회의 부재로 인해 대안세력이 형성되지 않았고 북한주민들은 법의 지배, 선거, 정당 활동 등 민주주의를 전혀 경험한 적이 없다. 북한에서 정치적 대안세력의 부재와 민주주의의 결핍은 정치적 불안정성을 고조시킬 뿐만 아니라 경제발전을 저해함으로써 북한의 위기를 한층 가중시킬 것이다.[54] 그런데 북한은 민주주의가 정착해서 안정적으로 작동하기까지 상당한 시간이 소요될 것이다. 북한 붕괴 이후 복잡한 개혁과 경제부흥을 성공적으로 추진할 수 있는 강력한 정치지도자가 등장하고 민주적 정당정치가 효과적으로 작동할 가능성도 불확실하다.

북한의 민주적 이행 과정에서 정치적 불확실성은 민주주의 공고화와 경제부흥을 저해할 가능성이 높다. 북한체제에서 강력한 정치지도자의 등장이나 민주주의·시장경제의 안정적 작동이 불확실하기 때문이다. 북한체제에서 정치적 불확실성을 제거하고 민주주의를 공고화하기 위해서는 한국정부가 북한에 민주주의·시장경제 제도를 이식하고 조속한 남북한 정치·경제 체제 통합을 실현해야 한다. 남북한 정치·경제 통합은 안정적 정치리더십을 제공함으로써 민주주의 공고화의 계기를 제공할 것이다.

남북한 정치·행정 통합

한국정부는 남북한 정치·경제 통합을 지원·촉진하기 위해서 '남북한통일추진위원회'를 구성해야 한다. 남북한통일추진위원회는 대통령이 임명한 위원장을 중심으로 정치·행정·군사안보·사법·경찰·경제·교육·사회문화·환경생태·보건의료·복지 등 각 분야에서 전문성을 가지고 있는 남·북한 인사들을 고르게 참여시켜야 한다. 남북한통일추진위원회는 각 분야별로 제도와 시스템을 신속하게 통합하는 작업을 진행해야 한다. 여기서는 정치·행정 통합만을 다룰 것이다.

북한에서 사회주의 정치체제를 민주주의 정치체제로 변화시키기 위한 전제는 민주 헌법을 제정하고 법치국가, 법적 안정성, 권력분립, 국가권력의 법구속성 등 기본적인 헌법원칙을 명시해야 한다. 민주주의 정치 규칙과 절차도 헌법을 통해서 보장되어야 하며 국가구성에 대한 규정, 국가기관의 권한, 입법절차, 선거체계 등도 확정해야 한다.[55] 이러한 내용은 한국의 헌법에 규정되어 있다. 그러므로 남북한 정치통합은 한국의 헌법과 정치체제를 북한에까지 확대 적용하는 방식으로 추진해야 한다. 다시 말해서 한국의 헌정체제에 북한이 편입되는 방식으로 통일을 추진해야 한다. 왜냐하면 통일 이후 통일헌법을 만들고 정치체제를 개편하는 작업에 시간을 허비하기 보다는 북한의 민주적 이행과 과거청산 및 경제부흥을 실행하는 데 국력을 집중해야 하기 때문이다. 물론 남북한 통일 과정에서 변화된 상황에 부합하게 헌법을 수정·보완할 수는 있을 것이다.

북한에서 민주주의 제도 도입은 공산당과 공산주의 제도를 해체한 후 북한주민들에게 정치적 자유를 보장해야 한다. 공산당 일당독재를 폐지하고 복수정당 체제를 도입해야 하며 남한과 동일한 방식으로 국회의원 선거와 지방자치단체장 선거를 진행해야 한다. 특히 국회의원 선거와 지방자치단체장 선거는 남북한 정치 통합과 함께 북한에서 민주주의를 공고화하는 확고한 제도적 기반이 될 것이다. 북한지역의 국회의원과 지방자치단체장 선거는 전독일 총선을 계기로 정당통합이 이루어진 것처럼 남북한 간 정당통합을 촉진할 것이다.[56] 한국 정당들이 북한의 정당들과 자매결연을 체결하고 적극적인 지원활동을 진행해야 한다. 남북한의 정당통합은 북한에 정당정치를 확립하는 데 긍정적으로 기여할 것이다.

한국정부는 남북한 행정통합을 추진하면서 북한의 행정이행을 실행해야 한다. 북한의 행정체계는 국가권력의 일원화 원칙, 당 결정 우선의 원칙에 따라 당과 국가의 결정을 그대로 시행하는 도구에 불과했기 때문에 북한의 행정체계는 수직적 주종관계만 존재한다.[57]

북한은 직업공무원제가 존재하지 않고 전문성보다는 계급적 토대와 출신성분, 당과 수령에 대한 충성심, 사회정치생활 경위 등을 기준으로 채용되었다.[58]

북한의 행정이행은 민주적인 절차와 규칙을 준수하는 행정행위가 이루어지고 직업 공무원제도가 정착되어야 한다. 한국정부는 북한에서 공공업무의 재설계, 행정조직의 재조직화, 정책결정과정의 근본적인 개선, 공무원 제도의 재규정 등 행정의 전반적인 변화를 실행해야 한다.[59] 행정이행은 조직·인사·재정 분야로 구분할 수 있다. 조직구조는 민주적인 기준과 원칙에 의해 재설계되어야 하고 재정은 북한의 예산구조와 권한은 남한으로 편입되어야 한다. 인사행정은 기본원칙, 인력이전 방법, 공무원 해고·숙정, 공무원제 도입, 교육훈련 등이 이루어져야 한다.[60]

동서독 행정통합은 남북한 행정통합에 많은 시사점을 제공한다. 북한은 과다한 행정인력을 보유하고 있으나 전문성이 매우 부족하기 때문에 부적합한 행정인력 해고와 남한으로부터의 행정인력 이전이 이루어져야 한다.

"구동독의 국가기구 종사자들은 수적인 면에서 상당히 많았으나 경제·보건·환경·기술 등의 정책분야에 능력을 구비한 사람이 매우 드물었다. 또한 이들 분야에 종사하는 국가기능담당자의 대다수는

'정치화된 무능'으로 인하여 담당업무를 제대로 처리할 수 없었다. 이러한 문제를 우선적으로 해결하기 위해서 구서독에서 구동독지역으로 행정지원이 이루어졌다. 행정이행에 필요한 인력부족을 해소하기 위해서 우선적으로 위임받은 인력을 파견하였으며, 그 이후에 연방과 주의 공무원을 구동독으로 이전하는 방식을 취하였다. 따라서 인력이전은 시기적으로 구서독 정부의 위임을 받은 행정가들이 영향을 미치는 시기와 구서독의 공무원을 구동독 지역으로 이전하는 시기로 구분할 수 있다.”[61]

남북한 행정통합은 북한에 한국의 행정 조직·인사·재정을 이식하는 방식으로 이루어질 것이다. 북한의 행정이행은 독일 사례를 적용할 필요가 있다. 한국정부는 북한 중앙정부의 해당부처 업무를 효과적으로 인수·조정하기 위해서 중앙정부에 북한행정 전담부서를 신설하고 북한에 외청을 설치해야 한다.[62] 남북한 행정통합 초기에는 북한에 설치된 외청의 중요 책임자들이나 지방자치단체의 중요 행정 책임자들은 남한 출신 공무원들을 파견해야 한다. 또 북한 지방자치단체의 행정체계를 정비·구축하기 위해서는 남한 출신 국가공무원들을 파견해서 지원해야 한다.[63] 북한의 공무원 제도가 정착되고 유능한 인력이 육성되면 점차 북한출신 공무원들이 중심적 역할을 수행할 수 있을 것이다.

북한의 간부들의 재고용 여부는 핵심 쟁점으로 떠오를 것이다. 동유럽 국가의 행정이행에서도 "행정의 재구축을 위하여 과거의 카더들을 이용하느냐 아니면 새로이 공직자들을 충원해야 하느냐, 만약 과거 인력들을 이용한다면 어느 정도까지 이용해야 할 것인가?"의 문제였다.[64] 북한에서도 간부들은 일정한 심사를 거쳐서 재임용 여부를 결정해야 한다. 간부 재임용은 독일의 통일조약이나 체코의 '자격심사법'을 참고할 수 있다.

독일의 통일조약은 인사정책의 기본방침과 관련하여 구동독의 공직종사자에 대한 고용지침은 지속적으로 존속하는 행정에 한정해서 적용되고 행정조직이 폐지되면 시한부 대기자 상태가 되었으며 6개월 이내에 재고용되지 않으면 자동적으로 해고되었다. 해고는 개인의 부적합, 전문지식의 부족, 행정수요의 소멸, 근무 장소의 해체 등의 사유가 발생할 때 적용하는 일반해고와 인권이나 법치국가의 기본원칙을 위반했거나 과거 구동독의 국가안전부 등 국가보안기구 조사경험이 있는 사람들을 해고할 때 적용하는 특별해고로 구분되었다.[65]

체코는 군이나 국가안보 분야를 제외한 모든 분야의 공무원들을 '자격심사법'에 따라 재심사·재교육한 후에 재고용했다. '자격심사법'은 구 공산당 간부와 인민군 장교, 비밀경찰요원 및 협력자가 행정부나 국영언론기관, 국영기관 및 대학 등에 5년간 취업할 수 없도록 제한했고 임명직의 경우 내무부 조사과정에서 비밀경찰과 정권에 협력했다고 판명되면 공직에서 제명되었다. 그러나 선출직 공직자는 '자격심사법'에 해당되지 않았다.[66] 재임용된 공무원들도 인권침해사실이 발각되거나 보안기관에 중요하게 협력한 사실이 드러날 경우 언제든지 임용이 취소되었다.

북한에서는 공무원들에 대한 재교육도 적극적으로 진행해야 한다. 동유럽 국가들의 경우 민주주의 체제에 적합한 내용으로 공무원에 대한 재교육이 이루어졌다. 구동독의 공직자들은 민주주의·법치주의·시장경제 등 민주적 법치국가의 정책 결정에 대한 기초과정을 의무적으로 이수해야 했고, 행정법·헌법·재정학·행정학, 시장경제의 운영방식, 세제와 납세관리 등에 대한 재교육 프로그램을 이수한 후 시험을 쳐야 했다.[67]

과거청산

북한의 과거청산은 과거사의 진상과 책임규명을 철저하게 진행하면서 과거사에 대한 반성을 통해 역사의 교훈을 내면화하기 위해서 불행한 과거사에 대한 성찰을 진행해야 한다.[68] 통일한국은 북한 주민들의 불만과 갈등을 증폭시키지 않고 내적 통합을 이루어 낼 수 있는 방향에서 과거청산을 진행해야 한다.

북한 과거청산의 핵심 내용은 가해자 처벌과 피해자 구제다. 가해자 처벌은 불법체제를 유지하기 위해서 체제불법 행위에 가담한 사람들을 찾아서 사법절차에 따라 형사처벌하고 불법적으로 모은 재산을 환수하는 일이다. 피해자 구제는 불법체제에서 인권을 침해당한 피해자들을 복권시키고 빼앗긴 재산과 명예를 회복시키며 생명·신체가 훼손당한 사람들을 자유와 형사보상 등을 통한 물질적 보상조치를 취하는 일이다.[69] 북한 과거청산은 인적청산과 물적청산으로 구분된다. 인적청산은 정권범죄에 연루된 가해자 처벌과 북한정권의 자의적 지배에 따른 피해자 구제로, 물적청산은 북한정권에 의해 몰수된 토지와 기업의 반환과 국가안전보위부 문서 처리로 구분된다.[70]

북한의 과거청산은 동독의 전례를 참고할 필요가 있다. 동독에서 불법 행위자 처벌은 보복적 성격 없이 법치국가원리에 따라 진행되었으나 많은 제약이 따랐다. 법치국가의 형법체계는 주로 개인의 법질서 위반행위를 규율하도록 구성되어 있어서 정권 범죄를 처벌하기에는 부적절하고 통일조약에 행위 당시 동독법 규정에 따라 불법

행위를 처벌하도록 명시했기 때문이다. 법치국가의 원리에 따라 동독의 불법행위를 처벌하면 피해자 구제는 큰 어려움이 없지만 가해자 처벌은 근본적 한계에 직면한다.[71]

자유민주적 법치국가의 형법체계는 주로 개인의 법질서 침해를 규율하도록 구성되었기 때문에 동독체제의 불법행위를 처벌하기에 적당하지 않았다. 또 개인의 행동이 동독의 실정법에 따른 행동이었을 때의 처벌 문제나 행위자 개인의 범죄행위를 입증해야 하는 어려움 등이 존재했다. 독일의 과거청산은 처벌 범위가 너무 작다는 불만도 있었으나 큰 갈등 없이 법적 절차에 따라 이루어진 것으로 평가된다.[72] 북한의 경우에도 체제불법에 대한 진상·책임규명을 통해서 법치주의 원리에 입각해서 사법적 절차를 거쳐 처벌해야 한다.[73]

북한의 과거청산은 공산당의 기득권 구조를 해체하고 기득권층을 청산하는 작업과 긴밀한 관련이 있다. 민주적 이행 과정에서 과거청산은 기득권층 청산 작업이라고 볼 수 있다. 기득권층 청산은 북한의 민주적 이행과 경제부흥의 성패를 좌우한다. 왜냐하면 공산당 기득권층이 청산되지 않으면 개혁이 실패할 가능성이 높기 때문이다. 구소련과 동유럽 국가들의 체제전환을 보면 성공적으로 과거청산을 진행한 동유럽 국가들은 민주주의·시장경제가 공고화되었다.

그러나 공산당 기득권층 청산에 실패한 중앙아시아 국가들은 민주적 이행과 개혁이 중단되었다. 이 국가들에서 공산당 기득권층은 개혁과정에서 다시 정치권력을 장악했으며 국영기업과 정부의 고위직을 독점하면서 과거의 기득권 구조를 재구축했다. 중앙아시아 국가들은 독재체제로부터 이탈했으나 민주주의로 이행하지 않고 불완전한 정부와 과두제 집권층을 가진 회색지대로 이행했다. 이 국가들은 반민주주의나 독재국가로 분류된다.[74] 그러므로 통일한국은 철저한 과거청산을 통해 북한 기득권층들의 정치적·경제적 기반을 해체하고 정치세력화를 시도하지 못하도록 법적 제한을 가해야 한다.

5장
결론

이 연구는 북한의 급변사태가 발생한 후 통일추진방안을 분석했다. 북한의 급변사태에서 가장 중요한 쟁점은 남북한 정치·경제 체제를 신속하게 통합하는 즉각적 통일을 추진할 것인가 아니면 북한체제를 분리 관리할 것인가이다. 즉각적 통일을 추진할 경우 한국의 헌정체제를 북한에까지 확장하는 작업에 착수해야 하며 점진적 통일을 추진할 경우 북한에 독자적인 정부를 구성하도록 지원하거나 북한 통치방안을 마련해야 한다.

이 연구는 한국정부가 남북한 정치·경제 체제를 즉각적으로 통합하고 북한에 민주주의 공고화와 경제부흥을 강력하게 추진해야 한다고 제안했다. 그동안 한국의 정책결정자들과 전문가들은 과도한 통일비용과 남북한의 이질성 등에 대한 걱정 때문에 점진적 통일을 선호했다. 점진적 통일은 상당 기간의 공존기간을 거쳐서 통일비용과 이질성 문제를 충분하게 해결한 후에 남북한 정치·경제 체제를 통합해야 한다고 주장한다. 이러한 방식의 통일은 실현가능성만 있다면 매우 이상적이다.

그러나 점진적 통일은 실현가능성이 상당히 낮다. 앞서 살펴본 것처럼 북한정권의 속성을 고려할 때 북한정권의 민주적 개혁이나 개방도 불가능하고, 남북한의 공존과 합의에 의한 통일도 비현실적이기 때문이다. 설사 북한정권이 붕괴하더라도 북한주민들은 동독에서와 같이 즉각적 통일을 주장할 가능성이 매우 높다.

즉각적 통일이 필요한 또 다른 이유는 북한붕괴 이후 민주적 이행과 경제개혁을 주도할 정치리더십의 부재로 인한 정치적 불확실성이 높기 때문이다. 북한은 동유럽 국가들과 달리 술탄주의적 전체주의 체제의 특성상 야당이나 시민사회와 같은 대안적 정치세력이 존재하지 않는다. 북한주민들은 법의 지배, 선거, 정당 활동 등 민주주의를 전혀 경험하지 못했다. 북한은 정권붕괴 이후 정치적 대안세력의 부재와 민주주의의 결핍으로 인해 정치적 불안정과 리더십 공백에 빠질 가능성이 높다. 북한붕괴 이후 복잡한 개혁과 경제부흥을 성공적으로 추진할 수 있는 강력한 정치지도자와 정치세력이 등장할 수 있을지도 불확실하다.

북한의 정치적 불확실성을 줄이고 정치리더십 공백을 메울 수 있는 거의 유일한 대안은 한국정부다. 한국정부는 북한 급변사태 이후 즉각적 통일을 염두에 두고 군사 안정화 임무를 수행하면서 북한군 무장해제와 군사통합을 실현하고 통일한국군을 북한지역에까지 배치해야 한다. 동시에 북한에 민주주의 공고화, 남북한의 정치·행정·경제 통합, 과거청산, 경제부흥정책 등을 추진해야 한다. 그러므로 한국정부는 북한정권 붕괴 이후 즉각적 통일을 추진해야 한다. 한국정부는 통일에 대한 두려움으로 인해서 통일을 늦추기 위한 방안을 찾을 것이 아니라 동서독 통일 사례에 대한 분석을 기초로 통일비용을 줄이면서 남북한 간 이질성을 극복하기 위한 방안을 찾아야 한다.

남과 북이 자유민주주의와 시장경제 체제로 통합되어 어느 정도 안정적으로 작동되면 통일한국을 운영하는 데 더 효율적이고 적합한 새로운 국가체제와 정치체제에 대한 논의를 시작할 수도 있을 것이다. 통일한국의 새로운 국가체제는 단일국가를 연방제로 전환할 것인가의 문제이며, 새로운 정치체제는 대통령제를 내각제로 전환할 것인가의 문제이다. 통일한국이 안정화되면 새로운 국가체제와 정치체제에 대한 논의는 얼마든지 자유롭게 진행할 수 있을 것이다.

참고문헌

강원택. 『통일 이후의 한국 민주주의』. 서울: 나남, 2011.

김기수. "남북한 경제통합 방안: 기존 연구의 내용과 쟁점, 그리고 향후 과제." 세종연구소 하반기 과제 Working Paper. 2014.

김명기. "북한의 급변사태시 한국의 대응책과 국제법." 『외교』. 제44호.

김영탁. 『독일통일과 동독재건과정』. 서울: 한울아카데미, 1997).

김은영. "통일비용 관련 기존 연구자료." 『북한경제리뷰』. 2010년 8월호.

김하중. 『통일한국의 과거청산』. 파주: 나남, 2013.

남성욱. "한반도 급변사태와 우리의 효율적인 대응방안: 경제분야를 중심으로." 21세기 국가발전연구원·고려대북한학연구소. 2006.

대런 애쓰모글루, 제임스 A. 로빈슨 지음, 최완규 옮김. 『국가는 왜 실패하는가』. 서울: 시공사, 2012.

로드 헤이그, 마틴 해롭 지음, 김계동 등 옮김. 『현대비교정치론』. 서울: 명인문화사, 2008.

마커스 놀랜드 지음, 심달섭 옮김. 『김정일 이후의 한반도』. 서울: 시대정신, 2004.

박상봉. "동독 급변사태와 서독의 대응." 『북한 급변사태 시 긴급 식량구호대책』. 21세기 국가발전연구원·고려대북한학연구소. 2010.

박영호, Catherine Ann Bertini, Lynn Lee. 『체제전환국의 시장: 민주제도 건설 지원』. 서울: 통일연구원, 2011.

박해육. "통일이후 구동독의 행정이행과 인력통합을 위한 인사정책: 남북한 통일에 대비한 인력통합의 모색." 『한국행정연구』. 제11권 제4호, 2002.

박휘락. "북한 급변사태와 통일에 대한 현실성 분석과 과제." 『국가전략』. 제16권 4호, 2010.

박휘락. "북한의 "심각한 불안정" 사태 시 한국의 "적극적" 개입." 『평화연구』. 2011년 가을
　　호.

백승주. "북한 급변사태 시 대량살상무기 통제방안." 21세기국가발전연구원·고려대북
　　한학연구소. 2009.

세종연구소·코리아정책연구원. 『통일한국 대전략연구』. 통일부정책연구과제, 2012.

안병직 외. 『세계의 과거사 청산』. 서울: 푸른역사, 2005.

양현모. "통일 이후 북한지역 행정체제 구축에 관한 연구." 『한독사회과학논총』. 제9권
　　제2호, 1999.

오경섭. "남북한 경제통합시 북한의 정치적 안정방안." 세종연구소 하반기 과제 Working
　　Paper, 2014.

오경섭. "점진적·단계적 통일론." 『세종논평』. 2014년 9월 26일.

오경섭. "통일대박의 제도적 조건." 『정세와 정책』. 2014년 10월호.

이석. "북한의 급변사태와 인도주의적 위기." 21세기국가발전연구원·고려대북한학연구
　　소. 2010.

전경만. "북한 유사시에 대한 한국의 기본 정책방향과 과제." 『북한 유사시 사회 안정화
　　방안』. 21세기국가발전연구원·고려대북한학연구소. 2011.

정상돈·김진무·이강규. 『동독급변사태 시 서독의 통일정책』. 서울: 한국국방연구원,
　　2012.

정용길. 『독일 1990년 10월 3일』. 서울: 동국대학교출판부, 2009.

정한구. "북한은 붕괴될 것인가." 『세종정책연구』. 제5권 2호.

최진욱·김진하. 『통일 진입과정에서의 북한 재건 방향』. 서울: 통일연구원, 2011.

한병진. "독재정권 몰락의 급작성과 북한 급변사태에 대한 이론적 검토." 『국가전략』.
　　2012년 제18권 1호.

현성일. 『북한의 국가전략과 파워엘리트』. 서울: 선인, 2011.

Bennett, Bruce W. "Preparing for the Possibility of a North Korean Collapse." Rand

Corporation. 2013.

Carothers, Thomas. "The End of the Transition Paradigm." Journal of Democracy. 13, 2002.

Ekiert, Grzegroz, Jan Kubik and Milada Anna Vachudova. "Democracy in the Post-Communist World: An Unending Quest?." East European Politics and Societies. 2007, Vol. 21.

Kan, Shirley A. "China and Proliferation of Weapons of Mass Destruction and Missiles: Policy Issues." CRS Report. January 3, 2014.

O'Hanlon, Michael E. "North Korea Collapse Scenarios." Brookings Northeast Asia Commentary. 2009.

『세계일보』.

『조선일보』.

『Chosun.com』.

으므로 자세한 논의는 각각의 주제와
관련한 연구들을 참조하기 바란다.

1. Michael E. O'Hanlon, "North Korea
   Collapse Scenarios," Brookings
   Northeast Asia Commentary, 2009;
   Bruce W. Bennett, "Preparing for
   the Possibility of a North Korean
   Collapse," Rand Corporation, 2013; 한
   병진, "독재정권 몰락의 급작성과 북
   한 급변사태에 대한 이론적 검토,"『국
   가전략』, 2012년 제18권 1호, pp. 89-
   109; 정한구, "북한은 붕괴될 것인가,"
   『세종정책연구』, 제5권 2호, pp. 45-75;
   마커스 놀랜드 지음, 심달섭 옮김,『김
   정일 이후의 한반도』(서울: 시대정신,
   2004).

2. 박휘락, "북한 급변사태와 통일에 대
   한 현실성 분석과 과제,"『국가전략』,
   제16권 4호, 2010, pp. 63-91. 2

3. 김청중, "'통일, 도둑같이 온다'…李
   대통령 "오래 안 걸려","『세계일보』,
   2011년 6월 22일.

4. 이러한 주제들을 다룬 연구는 매우 많

5. 경제통합은 북한에 시장경제 제도를
   도입하고 신속하게 화폐통합·사유화
   등을 추진해야한다. 그러나 이 연구
   에서는 이에 대해서 구체적으로 다루
   지 않는다.

6. 이 장은 오경섭, "김정은 일인독재체
   제와 한국정부의 대응방안: 안정·불
   안정 시나리오를 중심으로,"『시대정
   신』, 2014년 봄 호에서 IV장을 대폭 수
   정·보완했음을 밝힌다.

7. 김명기, "북한의 급변사태시 한국의
   대응책과 국제법,"『외교』, 제44호, p.
   81. 북한 급변사태에 대한 다양한 정
   의는 다음 논문을 참조할 것. 박휘락,
   "북한의 "심각한 불안정" 사태 시 한국
   의 "적극적" 개입,"『평화연구』 2011년
   가을 호, pp. 410-411.

8. Bruce W. Bennett, "Preparing for
   the Possibility of a North Korean
   Collapse," pp. 58-68.

9. 이석, "북한의 급변사태와 인도주의적
   위기," 21세기국가발전연구원·고려
   대북한학연구소, 2010.

10. Bruce W. Bennett, "Preparing for the Possibility of a North Korean Collapse," pp. 58-68.

11. Ibid, pp. 55-56, 161-162.

12. Ibid, pp. 87-101.

13. 북한 급변사태 시 가장 중요한 것은 한국정부의 단호한 개입 의지와 대응 능력이다. 북한의 요청이 없을 경우 한국의 군사적 개입은 국제법적 근거가 부족하다. 그러나 한국정부가 단호한 개입 의지를 갖는다면 대한민국 헌법과 남북관계의 특수성, 한반도가 휴전상태라는 점, 강대국 국제정치의 논리에 따라 미국과 공동 개입할 수 있다. 박휘락, "북한 급변사태와 통일에 대한 현실성 분석과 과제," pp. 72-77 참조할 것.

14. 남성욱, "한반도 급변사태와 우리의 효율적인 대응방안: 경제분야를 중심으로," 21세기국가발전연구원·고려대북한학연구소, 2006, pp. 16-17; 전경만, "북한 유사시에 대한 한국의 기본 정책방향과 과제,"『북한 유사시 사회 안정화 방안』, 21세기국가발전연구원·고려대북한학연구소, 2011, p. 27, 37.

15. 전경만, "북한 유사시에 대한 한국의 기본 정책방향과 과제," p. 42.

16. 전현석, "盧, 金에 "작전계획 5029 없애버렸다","『Chosun.com』, 2013년 6월 27일.

17. 조선닷컴, "한미 특수부대, 北 급변사태 시 특수전 합동훈련 강화,"『Chosun.com』, 2014년 2월 5일.

18. 임민혁, "北급변 논의할 韓美채널 구축… 中 참여할지 주목,"『조선일보』 2014년 1월 9일.

19. Bruce W. Bennett, "Preparing for the Possibility of a North Korean Collapse," pp. 161-176, 186-190.

20. 전경만, "북한 유사시에 대한 한국의 기본 정책방향과 과제," p. 33.

21. 백승주, "북한 급변사태 시 대량살상무기 통제방안," 21세기국가발전연구원·고려대북한학연구소, 2009, pp. 12-13.

22 Bruce W. Bennett, "Preparing for the Possibility of a North Korean Collapse," p. 145.

23. Ibid, p. 68.

24. 박상봉, "동독 급변사태와 서독의 대응," 『북한 급변사태 시 긴급 식량구호대책』, 21세기국가발전연구원·고려대북한학연구소, 2010, p. 85.

25. 전경만, "북한 유사시에 대한 한국의 기본 정책방향과 과제," p. 33.

26. 박상봉, "동독 급변사태와 서독의 대응," p. 85.

27. Shirley A. Kan, "China and Proliferation of Weapons of Mass Destruction and Missiles: Policy Issues," CRS Report, January 3, 2014, p. 24; 김봉기, "中 공산당 연구소 4곳 중 3곳 '북한 급변사태 가능성' 언급," 『조선일보』2013년 12월 30일; 안용현, "중국軍 10만 명, 백두산 인근서 훈련," 『조선일보』 2013년 1월 13일.

28. Bruce W. Bennett, "Preparing for the Possibility of a North Korean Collapse," p. 57.

29. 정상돈·김진무·이강규, 『동독급변사태 시 서독의 통일정책』(서울: 한국국방연구원, 2012), p. 135.

30. Ibid, p. 135.

31. Ibid, p. 139.

32. 강원택, 『통일 이후의 한국 민주주의』(서울: 나남, 2011), pp. 17-18; 김은영, "통일비용 관련 기존 연구자료," 『북한경제리뷰』, 2010년 8월호, pp. 63-73.

33. 오경섭, "통일대박의 제도적 조건," 『정세와 정책』, 2014년 10월호, p. 6.

34. 오경섭, "점진적·단계적 통일론," 『세종논평』, 2014년 9월 26일.

35. 정용길, 『독일 1990년 10월 3일』(서울: 동국대학교출판부, 2009), pp. 233-235; 정상돈·김진무·이강규, 『동독 급변사태 시 서독의 통일정책』, p. 37.

36. 오경섭, "점진적·단계적 통일론."

37. 김기수, "남북한 경제통합 방안: 기존 연구의 내용과 쟁점, 그리고 향후 과제," 세종연구소 하반기 과제 Working Paper, 2014, pp. 13-20.

38. 양모듬, "南이 놓친 산업, 北서 키울 수 있어 한반도 경제부흥의 지름길은 통일," 『조선일보』, 2014년 9월 29일.

39. 전경만, "북한 유사시에 대한 한국의 기본 정책방향과 과제," 2011, p. 40.

40. 김영탁, 『독일통일과 동독재건과정』(서울: 한울아카데미, 1997), pp. 191-192.

41. Bruce W. Bennett, "Preparing for the Possibility of a North Korean Collapse," pp. 181-182. "UN은 무장해제, 동원해제 및 재통합을 다음과 같이 묘사한다. 무장해제는 소형무기, 탄약, 폭발물, 전투원 및 민간인의 소형 및 중형무기 확보, 문서화·통제·처리 과정이다. 동원해제는 군 혹은 기타 무장 단체의 현역 전투원들을 통제 하에서 공식적으로 퇴역시키는 과정이다. 이 과정은 개별 전투원들을 임시 센터에 이동시키는 것에서 동원 해제 목적을 위해 설정된 수용시설에 병력들을 집합시키는 과정을 포함한다. 재투입은 더욱 장기간의 재통합 과정이 진행되기 전, 동원해제가 이루어지는 도중에 전직 전투원들에게 제공되는 지원이다. 재투입은 전직 전투원들 및 가족의 기본적인 수요를 충족시키기 위해 제공되는 과도적인 시기의 원조이며 안전보장, 식량, 의류, 주거지, 의료 서비스, 단기 교육, 훈련, 고용 및 장비의 제공을 포함할 수 있다. 재통합은 전직 전투원들이 민간인의 지위를 획득하고 지속가능한 일자리와 소득을 얻는 과정이다. 재통합은 불특정 기간 동안 진행되는 사회·경제적 과정이며 주로 지방 수준의 공동체에서 진행된다."

42. 최진욱·김진하, 『통일 진입과정에서의 북한 재건 방향』(서울: 통일연구원, 2011), p. 52; Bruce W. Bennett, "Preparing for the Possibility of a North Korean Collapse," p. 183.

43. Bruce W. Bennett, "Preparing for the Possibility of a North Korean Collapse," pp. 186-187.

44. Ibid, pp. 186-187; 김영탁, 『독일통일과 동독재건과정』, pp. 191-192.

45. 김영탁, 『독일통일과 동독재건과정』, pp. 194-197.

46. Bruce W. Bennett, "Preparing for the Possibility of a North Korean Collapse," pp. 186-187.

47. 염돈재, 『독일통일의 과정과 교훈』(서울: 평화문제연구소, 2010), pp. 285-286.

48. 전경만, "북한 유사시에 대한 한국의 기본 정책방향과 과제," p. 43. 사회안정화를 수행하기 위한 민간 인력은

북한지역의 220여 개의 도·시·군·구역 등 단위에 한 지역에 5개 소조를 배치하고 한 조에 10~12명의 인력을 배치해야한다. 이 경우 약 1만 5,000명을 총 1,100개 조로 나누어서 준비해야한다.

49. 대런 애쓰모글루, 제임스 A. 로빈슨 지음, 최완규 옮김, 『국가는 왜 실패하는가』(서울: 시공사, 2012), p. 129.

50. 박영호, Catherine Ann Bertini, Lynn Lee, 『체제전환국의 시장: 민주제도 건설 지원』(서울: 통일연구원, 2011), pp. 51-63.

51. 로드 헤이그, 마틴 해롭 지음, 김계동 등 옮김, 『현대비교정치론』(서울: 명인문화사, 2008), p. 86.

52. 북한의 기득권세력 청산은 과거청산에서 자세하게 기술할 것이다.

53. Grzegroz Ekiert, Jan Kubik and Milada Anna Vachudova, "Democracy in the Post-Communist World: An Unending Quest?," East European Politics and Societies, 2007, Vol. 21, p. 18; 오경섭, "남북한 경제통합시 북한의 정치적 안정방안," 세종연구소 하반기 과제 Working Paper, 2014, p. 21.

54. 오경섭, "통일대박의 제도적 조건," p. 7.

55. 박해육, "통일이후 구동독의 행정이행과 인력통합을 위한 인사정책: 남북한 통일에 대비한 인력통합의 모색," 『한국행정연구』, 제11권 제4호, 2002, pp. 185-186.

56. 통일한국의 정치체제 논의는 단일국가냐 연방국가냐, 대통령제냐 의원내각제냐, 단원제냐 양원제냐, 선거제도를 어떻게 개편할 것이냐 등의 이슈들이 있다. 이 연구는 이러한 이슈들을 별도로 다루지는 않을 것이다.

57. 김영탁, 『독일통일과 동독재건과정』, pp. 201-202.

58. 현성일, 『북한의 국가전략과 파워엘리트』(서울: 선인, 2011), p. 210.

59. 박해육, "통일이후 구동독의 행정이행과 인력통합을 위한 인사정책: 남북한 통일에 대비한 인력통합의 모색," p. 186.

60. Ibid, 2002, pp. 178-179.

61. Ibid, p. 188. 구서독 출신 공무원들이 구동독지역에 파견되어 모든 행정

계층과 행정분야에서 근무했다. 구서독에서 구동독으로 파견된 공무원은 1991년에는 10000명, 1992년 26000명, 1995년 36000명까지 늘어났다. 그 밖에도 구서독의 도시들은 자매결연을 맺고 있는 구동독의 도시에 많은 공무원들을 파견했다.

62. 양현모, "통일 이후 북한지역 행정체제 구축에 관한 연구," 『한독사회과학논총』, 제9권 제2호, 1999, pp. 195-198; 김영탁, 『독일통일과 동독재건과정』, p. 202. 통일 당시 동독측은 동독재건을 위해 연방 재건부와 같은 연방부처의 신설을 요구했지만 재건업무의 효율적 추진을 위해 각 부처에 전담기구를 설치하는 것으로 결론이 났다.

63. 양현모, "통일 이후 북한지역 행정체제 구축에 관한 연구," p. 197, 200.

64. 박해육, "통일이후 구동독의 행정이행과 인력통합을 위한 인사정책: 남북한 통일에 대비한 인력통합의 모색," p. 190.

65. Ibid, pp. 190-191.

66. 세종연구소·코리아정책연구원, 『통일한국 대전략연구』, 통일부 정책연구과제, 2012, p. 387.

67. 박해육, "통일이후 구동독의 행정이행과 인력통합을 위한 인사정책: 남북한 통일에 대비한 인력통합의 모색," pp. 195-196.

68. 안병직 외, 『세계의 과거사 청산』(서울: 푸른역사, 2005), pp. 34-35.

69. 김하중, 『통일한국의 과거청산』(파주: 나남, 2013), p. 104.

70. Ibid, pp. 104-105.

71. 염돈재, 『독일통일의 과정과 교훈』, pp. 307-311.

72. 김영탁, 『독일통일과 동독재건과정』, pp. 232-233.

73. 김하중, 『통일한국의 과거청산』, p. 26. 체제불법은 북한체제의 법과 명령에 근거를 두고 정권의 지시에 의해 국가 행위로 실행되었기 때문에 체제 내부에서 불법으로 평가받지 않았으나 체제 붕괴 이후 공산주의 체제가 무너짐에 따라 불법으로 평가받는 행위다.

74. Thomas Carothers, "The End of the Transition Paradigm," Journal of Democracy, 13, 2002, pp. 6-11.

3부

문명통일론

북한민주화네트워크 연구위원 김영환

1장
다시 생각하는 통일

통일은 왜 해야 하는가?

왜 통일을 해야 하는지는 명확하게 답변하기 어렵다. 같은 민족이기 때문에 통일해야 한다는 것은 현대 세계에서 적절한 이유가 아니다. 미국을 비롯한 아메리카대륙은 민족을 분류하기도 힘들다. 유럽도 다양한 민족이 섞여 살고 있고, 아시아도 일본을 제외하면 단일민족 국가가 거의 없다. 세계 여러 나라가 다양한 민족이 섞여 살고 있고, 그것이 아주 자연스러운 시대이다. 만일 우리가 민족이라는 의미를 부여하려면 민족적 분류 측면에서가 아니라 통일신라 이후 지난 1,300년 동안 강력한 정치, 경제, 사회, 문화적 공동체를 유지해 온

민족이라는 점에 두어야 한다. 그것이 반드시 통일의 당위성이 되는 것은 아니지만 그런 동질성은 통일을 추구할 수 있는 강력한 동력을 마련해준다.

다음으로, 남한과 북한은 같은 국가인가? 대한민국의 헌법과 조선민주주의인민공화국의 헌법에 의하면 남북한은 단일국가다. 이것을 통일의 당위성으로 보기도 한다. 그러나 이미 남한과 북한은 지난 60여 년 동안 독립국가로 운영되어 왔다. 세계 대부분의 나라들도 남한과 북한을 독립국가처럼 대하고 있고, 유엔도 남북한을 각각 독립국가로 인정하고 있다. 대한민국의 헌법을 존중해야 하지만 헌법에 단일국가라고 나와 있다는 것이 통일의 절대적 당위성을 충분히 제공해주지는 못한다. 다만 대한민국의 헌법과 조선민주주의인민공화국의 헌법이 거의 70년 가까이 계속 유지되어 왔다는 것은 남북한 주민들의 통일지향성이 강하다는 증거이다.

셋째로, 남북한 주민들의 통일 열망이 당위성을 제공해 주는가? 그런 측면도 있지만 과연 통일을 지지하는 사람이 다수인가? 여론조사를 해보면 통일에 대해서 지지도, 반대도 하지 않는 사람이 다수다. 물론 북한 주민들은 대부분이 통일을 지지하겠지만 남한은 통일을 반대하는 사람들도 있고 반대까지는 아니지만 지지도, 반대도 안 하는 사람들이 꽤 많다. 모든 한반도 주민이 통일을 열망한다고 보기는 어렵다. 그러나 북한 주민들의 통일 열망은 대단히 강력하기 때문에 그 에너지를 막을 수 있는 방법이 없고, 남한에서도 통일을 반대하는 사람들이 강력한 에너지나 열의를 갖고 반대하는 사람이 거의 없다. 결국 통일을 지지하거나 열망하는 사람들의 에너지가 반대하는 사람들의 에너지보다 월등히 강력하다고 볼 수 있다.

이런 것들을 종합해서 본다면, 통일의 당위성은 주로 한반도인의 통일에너지, 통일에 대한 열망에서부터 온다. 통일을 지지하거나 반대하는 사람의 수가 아니라 통일을 열망하는 에너지의 합이 통일을 반대하는 에너지의 합보다 월등히 높다는 점이 통일의 당위성을 설명해 주는 주된 근거라고 볼 수 있다.

무엇을 통일하는가?

통일은 한마디로 주권의 통일과 문명의 통일이다. 많은 사람들이 통일에 대해서 오해하는 게 있다. 통일 하면 제도의 통일이라든지, 이념의 통일이라든지, 문화의 통일이라든지, 경제의 통일이라고 생각한다. 그런데 제도, 이념, 문화, 경제는 통일될 수도, 안 될 수도 있다.

남북한 사이에 주권의 통일이 이루어지면 각기 다른 제도를 유지하는 것은 얼마든지 생각해 볼 수 있다. 그리고 현대 민주주의사회에서는 다양한 이념을 존중하고 포용하기 때문에 애초에 이념의 통일이라는 게 필요하지도 않다. 이념의 통일은 김일성 체제하에서나 필요한 것이지, 자유세계에서는 추구할 필요가 없다. 문화의 통일도 통일국가를 구성하면 장기적으로 자연스럽게 해결되는 문제다. 급속하게 적극적으로 추구할 필요가 없다. 남북한의 생활양식이나 의복, 사고방식을 굳이 통일시켜야 할 필요가 있는가? 물론 언어는 남북한을 통합하는 표준어를 제정할 필요는 있으나 언어 역시 지나치게 급진적으로 할 필요가 없다. 문화는 서로의 것을 존중하면 된다. 경제도 마찬가지다. 남북한의 경제시스템이 완전히 다르다. 북한 경제 중 당면해서 필요한 인플레이션율, 통화발행 정도, 고용정책이 남한과 완전히 다르기 때문에 경제 통일을 반드시 하는 게 좋은지 의문이다. 제도, 이념, 문화, 경제의 통일은 반드시 즉각적으로 필요한 것은 아니다.

그렇다면 무엇을 통일하는가? 핵심적인 것이 주권의 통일과 문명의 통일이다. 주권은 가장 중요하고 우선적인 것이기 때문에 주권의 통일이 안 되면 아무런 의미가 없다. 주권의 통일을 우선적이고 절대적으로 해야 한다. 주권은 글자 그대로 누가 권력을 갖고 있느냐 하는 문제다. 예를 들어서 홍콩이나 마카오의 주권은 중국에 있다.

홍콩이 행정도 독립적으로 하고 있고 정치체제, 경제체제도 중국과 다르게 운영하고 있고, 영사문제와 무역도 독립적으로 처리하지만 홍콩의 주인은 중국이고 궁극적 권력은 중국이 갖고 있다. 이것이 주권 문제다. 주권의 통일에서 가장 중요한 것은 군사권이고, 둘째는 외교적인 인정(주권을 다른 나라로부터 인정받는 것)이다. 다른 나라가 인정을 안 해줄 이유는 별로 없기 때문에 가장 중요한 것은 군사권이라고 볼 수 있다. 주권 문제만 해결된다면 다른 문제는 결정적으로 중요하지 않다.

주권 다음으로 문명의 통일이 있는데 이것은 대단히 어려운 문제다. 장기적인 과제로써 추구해야 한다. 문명의 통일이 제대로 발전되지 않으면 통일은 결코 성공할 수 없고 통일이 제대로 되었다고 이야기하기도 어렵다. 문화의 차이는 꼭 극복할 필요도 없고, 극복하려고 하면 얼마든지 빨리 극복할 수 있다. 언어, 의복문화, 식문화, 음악, 미술 등 문화적 차이는 그렇게 중요하지 않다. 그러나 문명의 차이는 대단히 크고 극복하기 쉽지 않다. 문명의 차이 중에서 과학지식, 생산기술, SOC(사회간접자본)는 비교적 빨리 차이를 좁힐 수 있는 부분이다. 그러나 인권의식, 정치적 주인의식, 민주적 의식과 태도, 민주적 토론과 의견수렴, 법치의식, 타인에 대한 존중, 소수에 대한 보호 등의 문명적 차이는 빠른 시일 내에 극복할 수 없다. 한국의 사례만 보아도 그렇다. 한국이 대단히 빠른 시간에 발전하고 과학기술도 성장했지만 문명적인 면에서는 다른 선진국과 여전히 격차가 있다. 성공적인 통일이냐 아니냐를 가르는 것은 결국 문명적인 통일을 얼마나 잘 성취하느냐로 귀결된다. 정밀하게 추산해본 적은 없지만 30~40년 내에 문명적 통일을 이룬다면 성공적이라고 평가할 수 있을 것이다. 독일은 통일된 지 20년이 조금 넘었는데, 동독 출신의 메르켈 총리의 집권에서 상징화되듯이 문명적 차이를 거의 극복했다. 동서독은 17세기 말부터 근대문명을 공유해온 역사가 있기 때문에 처음부터 문명적 갈등요소가 크지 않았다. 독일 국민들 특성상 규율을 잘 지키고 인내심이 강한 것도 갈등을 잘 수습할 수 있었던 요인이었다.

어떻게 통일할 것인가?

통일은 급진과 점진의 조화가 중요하다. 일반적으로 급진이 좋은 것은 아니지만 통일과정에서는 불가피하게 급진으로 갈 수밖에 없는 것들이 있다. 첫째가 주권문제다. 점진적으로 해결할 수 있는 방법이 없다. 점진적으로 하다 보면 문제들이 많이 생기고 중간에 다른 방향으로 새고 일이 안 좋은 결과를 가져올 가능성이 많다. 또 급진적으로 해야 하는 것이 과학기술발전, SOC 건설, 경제적인 기초발전이다. 워낙 남북한의 격차가 커서 급진적으로 갈 수밖에 없다. 그러면 나머지 부분은 무엇인가? 급진은 본질적으로 좋은 게 아니다. 급진적으로 처리해서 문제가 된 경우가 문제가 안 된 경우보다 압도적으로 많기 때문에 꼭 필요한 경우가 아니면 급진으로 가지 않는 것이 좋다. 문화적 통합, 경제적 통합, 북한의 정신문명을 발전시키는 문제라든지, 북한의 제도개선 등의 문제는 지나치게 느리게 갈 필요도 없지만 가능하면 앞뒤 좌우를 세심하게 관찰하면서 한 발 한 발을 최대한 정확하게 내딛는 것을 중심에 두고 나가야 한다. 속도보다는 정확성이 중요하다.

그리고 통일과정에서 그 어떤 형태의 교조도 절대화해서는 안 된다. 자주, 평화, 민족대단결도 일종의 교조다. 그 어떤 것도 절대화해서는 안 된다. 심지어 통일도 교조화해서는 안 된다. 통일을 교조화하고 절대화하면 장기적으로 좋지 않다. 경우에 따라서는 강력한 정치적 리더십을 발휘하지 못해서 재분단의 에너지가 커질 수 있다. 이때 통일이라는 교조를 앞세워서 억지로 재분단을 막게 되면 그 과정에서 많은 상처를 입고 오히려 재통일이 영원히 물 건너갈 수도 있다. 물론 재분단을 쉽게 결정하면 안 되겠지만 강제적으로 막는 것은 대단히 위험하고 한반도의 이익에 반한다.

대표적인 교조에는 평화주의가 있다. 평화를 지향하고 애호하는 것은 당연한 일이고 평화를 지키기 위해서 다양한 형태의 노력을 기울여야 하지만 이것 역시 절대화하면 안 된다. 경우에 따라서는 군사력을 동원해서 처리해야 인명피해를 줄일 수 있는 일들이 있기 때문이다.

자유민주주의도 교조다. 북한은 대단히 낙후된 사회이기 때문에 북한 사회를 발전시키는 과정에서 가능한 자유민주적인 원칙을 지켜야겠지만 절대적으로 해서는 안 된다. 박정희, 장개석, 장경국, 리콴유 등의 근대화 과정을 보면, 권위주의를 동반하여 사회를 빨리 발전시켰다.

남한식의 자유민주주의를 지나치게 북한에 적용하는 것도 교조에 해당한다. 경제 역시 자유민주주의적인 경제질서를 무조건 교조적으로 북한에 적용하는 것은 적절하지 않다. 때에 따라서는 동원경제가 필요할 수도 있고 혼란기에는 배급경제를 일시적으로 운영할 수도 있다. 자유진영에 대한 교조도 유의해야 한다. 이미 동서냉전은 완전히 끝났고, 특히 통일 이후에는 자유 진영이라는 것의 의미가 약화될 수 있다.

우리는 통일 과정에서 중국과 긴밀히 협의하고 다방면적으로 협조를 받아야 한다. 북한을 빨리 발전시키기 위해서는 중국과의 긴밀한 협력과 경제적 유대관계도 반드시 필요하다. 그런데 자유진영이라는 교조에 빠져 있으면 중국과의 협조관계를 맺는 데 문제가 생길 수 있다.

2장
통일의 난제들

통일이 북한주민들의 자주성이나 자립심을 훼손시킬 수 있다

북한이 발전하기 위해서는 스스로 자각하고 자주적으로 노력하고 스스로 해결하려는 의지가 있어야 한다. 그래야 열정적인 자세를 가질 수 있다. 그러나 남북의 격차가 워낙 크기 때문에 북한 주민들은 본능적으로 남한의 경제적인 지원과 남한의 경제적인 힘에 의존하려는 마음이 생길 수밖에 없다. 힘이 세고 발전단계가 높은 존재와 차이가 많이 나는 존재가 만났을 때는 아무리 조심스럽게 접근하고 선의가 있다고 해도 강한 존재가 약한 존재의 자주성을 훼손하는 것을 피하기 어렵다.

남북한 주민들의 이해관계를 조정하기가 어렵다

북한의 재건비용, 기본적인 SOC 건설만 해도 많은 비용이 들 텐데
통일 이후 남한에서는 이 비용을 지원하는 것에 대한 불만이 생겨날
것이다. 남한은 남한대로 많은 것을 희생해서 북한을 지원하는 것에
대해 불만이 생길 것이고, 북한주민들은 자신들의 처지가 곤궁한데
이것밖에 지원을 안 해주느냐는 불만이 생길 것이다. 서로 다른 나
라가 아니다 보니 그런 이해관계를 조정하는 게 더 어렵다. 갈등을
조절하는 안전망이나 완충망이 없다.

남북한의 발전단계가 너무 다르기 때문에 서로를 이해하고 포용하기가 대단히 어렵다

서로를 이해하고 포용하는 것도 어느 정도 비슷해야지, 너무 심하게
다르면 이해가 어렵다. 개인과 개인 사이에 이해하고 포용하지 못하

는 것을 넘어서서 집단적으로 포용하지 못하는 것으로 흐르면 심각한 정치적 충돌로 발전할 가능성이 높다. 정치적 혼란과 소요사태가 끊임없이 이어질 가능성을 배제할 수 없다.

상당기간 남북 간의 이동을 제한하더라도 남북 간의 접촉면은 적지 않다. 투자, 기술지원, 인력지원, 관광, 이산가족 등으로 최소 20만명 이상이 북한에 상주하게 될 것이다. 수가 많지 않아도 기술지원이나 교육, 기업관리 등은 접촉면이 매우 넓을 수밖에 없다.

통일비용

통일비용은 그 자체보다 통일비용과 연관된 정치적 압박과 정치적 소요를 국가가 감당하기 어렵다는 게 문제다.

통일비용을 산출하는 것은 어렵지 않다. 한쪽에서는 북한재건 비용과 북한유지관리 비용을 계산하고, 또 한쪽에서는 남한의 경제능력, 조세저항, 경제충격, 공적비용 감축의 현실적 가능 정도를 계산해서 그 중간 정도를 적정점으로 정하면 된다. 그러나 문제는 이 균형점이 남북 양쪽에서 거센 저항에 부딪혀 심각한 정치적 혼란을 일으킬 가능성이 높다는 점이다. 강력한 정치적 리더십이 부재할 경우는 통일비용 산출 논의 과정부터 혼탁해지고 균형점에서 결정되기보다는 어느 한쪽에 편향되어서 결정될 가능성이 높다. 그럴 경우 정치적 혼란이 더욱 심해질 것이다.

흔히 통일비용을 이야기할 때 국방비 감축분이 일정 부분을 상쇄시켜 줄 것이라고 생각하지만 국방비가 줄어들 가능성은 매우 희박하다. 우선 감축 반대 의견이 매우 강할 것으로 보인다. 동북아의 정세불안, 중국과 일본의 강력한 재군비, 영토 분쟁 등 국방비 감축을 반대하는 논리는 얼마든지 많이 있다. 설사 국방비가 감축된다고 하더라도 범위가 소폭일 것으로 보이지만, 북한재건 비용에 따른 정부 적자가 크게 늘어나면 어떻게 될지 불확실하다. 만약 통일 이후 징병제를 폐지하고 모병제로 간다면 국방비는 오히려 더 늘 수도 있다. 무엇보다 국방비가 감축되더라도 북한재건 비용과 비교도 안 될 것이다.

3장
문명격차는 통일을
가로막는 핵심원인

남북한의 통일이 어려운 것은 문명적인 차이가 크고 문명의 통일이
어렵기 때문이다. 통일 과정에서 우리가 가장 핵심적이고 중점적으
로 집중해야 할 것은 바로 이 문명의 통일이다. 문명적 차이에 대한
예를 몇 가지 더 들어보자. 애완견을 좋아하거나 싫어하는 것은 문화
적 차이이지만, 애완견을 학대해도 상관없다고 생각하는 것과 애완
견을 학대하는 것을 끔찍하다고 생각하는 것은 문명적 차이다. 이런
차이가 있는 사람들이 같이 어울려 살기는 힘들다. 또 공공화장실의
휴지를 자주 훔치는 사람들 때문에 화장실의 휴지 비치가 중단된다
든지, 화장실에 침을 뱉거나 더럽게 사용하는 사람들 때문에 화장실
사용이 꺼려진다면 이런 일들이 점점 불만을 고조시킬 수 있다. 인권

의식도 마찬가지다. 당장 먹고 살기 위해 돈을 벌어야 하는 사람들에게 지켜야 하는 인권 규칙을 몇 십개씩 내민다면 심각한 심리적 압박, 경영적 압박으로 느낄 것이다. 한편에서는 그런 모습에 대해 인권문제를 가볍게 여기고 인권에 대한 초보적인 태도도 없는 사람들이라고 여길 것이다. 이런 문제들로 심리적인 골이 깊어지면 함께 살수 없다고 느낄 것이며 정치적 대결로까지 비화될 수도 있다.

남북한 간에도 이러한 경제적, 사회문화적, 문명적 요소의 격차가 무척 크다. 경제적 격차가 큰 것도 문제이지만 그보다는 사회문화적, 문명적 격차가 큰 것이 아주 치명적이다. 세계적으로 통일이 실패한 사례는 많지만 그중 말레이시아와 싱가포르 통일 실패를 눈여겨볼 필요가 있다. 많은 사람들이 실패 원인으로 종교적 차이와 민족적 차이를 말하지만 지금이나 그때나 말레이시아와 싱가포르 모두 다민족, 다종교 사회를 효율적으로 잘 운영하고 있다. 특히 그 시대에는 말레이시아 국민 중 화교가 30%가 훨씬 넘었고 지금도 30%에 육박하고 있지만 60년대 말에 한 번 폭동이 난 이후 큰 어려움 없이 지내고 있다. 그 당시의 구체적 과정을 찬찬히 살펴보면 종교나 민족의 차이도 영향을 미쳤지만 그보다 문명적 격차가 훨씬 큰 영향을 미쳤다는 것을 잘 알 수 있다. 남북한 간의 문명격차는 싱가포르와 말레이시아의 문명격차와는 비교할 수도 없이 매우 크다. 이런 조건에서 남북한을 하나의 체제로 운영한다는 것은 극심한 정치적, 경제적, 사회적 어려움과 혼란을 불러와 매우 빠른 속도로 통일을 붕괴시킬 가능성이 매우 높다.

특히 북한 사람들이 근대적 사회경험 속에서 순화되지 않은 높은 정치성을 갖고 있다는 점도 부담이 된다. 근대적 사회에서 순화되지 않은 거친 정치성은 정치성이 없는 것보다 훨씬 더 위험하다. 근대적 규칙을 어떻게 지키는지, 어떻게 의견을 수렴하고 책임과 의무는 어떻게 부담해야 하는지, 권리와 책임이 무엇인지 등은 근대적인 사회에서의 사회생활 속에서 체득되어야 한다. 그런 배경 없이 정치적 자유, 결사의 자유, 언론의 자유가 갑자기 주어지면 국가나 사회에 반하거나 심한 부정적 부담을 주는 정치세력을 조직하거나 시위를 하거나 기타 다양한 방향의 정치활동에 이러한 자유들을 활용할 가능성이 높다. 이런 순화되지 않은 정치성은 대단히 큰 문제이고, 인류가 경험하지 못했던 위험요소를 갖고 있기도 하다. 독일과 비교하는 사람들도 있지만 동독 사람들은 오랫동안 근대사회의 경험을 한 사람들이기 때문에 사정이 전혀 다르다.

남한식의 제도나 법률을 북한에 바로 적용할 경우 경제적 부담이 견딜 수 없을 정도일 뿐 아니라 그 이전에 혼란이 가중되어 감당할 수 있는 방법이 없다. 남북한이 하나의 정치단위인데도 남한식의 제도를 북한에 적용하지 않으면 또 다른 심각한 정치적 문제가 생길 것이다. 복지, 의료, 노동체제 등을 북한에 바로 적용하면 국고가 순식간에 바닥이 날 것이며 북한 지역에서 정상적인 기업 활동이 가능하지 않게 될 것이다. 그리고 남한의 인권기준을 북한에 그대로 적용한다면 정상적 치안이 거의 불가능해진다.

남한의 국민, 정치인, 관료들이 남한식 체제에 과적응되어서 북한 사람들을 제대로 이끌기가 어렵다. 북한은 법 규정이 엄격하지도 않으며 법치나 준법에 대한 의식이 아주 약하다. 법이 기준이 아니라 모든 것이 다 권력이 있느냐 없느냐, 뇌물이 있느냐 없느냐로 결정된다. 그런 사회에 익숙한 사람들을 지도하려면 합법, 반합법, 비합법을 왔다 갔다 하는 것을 정확하게 이해하고 이끌 수 있어야 한다. 또 북한식의 정치활동이라든지, 북한 주민들의 정치적 경향, 사회생활의 경향, 욕구와 요구 이런 것들에 대해 책으로 읽어서 아는 정도를 뛰어넘는 상당한 수준의 감각을 갖고 있어야 한다. 그런데 남한 정치인이나 언론, 학계에서 그 정도의 감각과 리더십을 갖고 있는 사람은 매우 극소수이다. 또한 남한 체제에 너무 익숙한 사람들에게는 이런 문제를 가르치기도 매우 어렵다.

4장
흡수통일만이 유일한
현실적 통일방안

남북한 간의 현격한 문명격차를 감안한 가장 현실적인 통일방안은 무엇일까? 북한의 현 정권이나 현 체제를 유지하는 조건에서 통일하는 것은 불가능하다. 통일은 북한의 수령독재체제가 붕괴되어야 가능하다. 북한이 붕괴되고 새로운 체제, 정부가 들어서서 남북한이 대등한 입장에서 통일하는 것은 형식논리상 이상적이겠지만 가능성이 거의 없다. 설사 새로운 정권이나 체제가 들어선다 하더라도 그 정권이나 체제가 통일을 안정적으로 추구하는 것은 더더욱 어려운 일이다. 따라서 흡수통일이 유일하게 현실적인 통일방안이다. 북한의 현 정권이나 현 체제를 유지하는 조건에서 통일하는 것이 불가능할 뿐 아니라 현 정권이 붕괴되고 비슷한 노선을 걷는 다른 정권, 혹은 전면적 개혁개방 방식으로 노선을 바꾼 정권이나 기타 어떤 정권이 들어서더라도 흡수통일 이외의 방식으로 통일하는 것은 극히 어렵다.

가장 가능성이 높은 것은 북한에 새로운 체제나 정권이 들어서기 전에 흡수통일이 되는 것이고 설사 새로운 체제나 정권이 들어서서 형식적으로는 대등한 것처럼 꾸미더라도 내용적으로 본다면 북한이 남한에 흡수되는 식으로 통일될 수밖에 없다. 이때 흡수는 주권이 흡수되는 것이며 과도기 주권문제의 핵심은 군대를 어떻게 처리할지 하는 문제와 중국이 대한민국의 주권을 인정하는 문제다. 북한의 정권이 있다 하더라도 남한이 북한 군대의 통제권을 장악해야 한다. 남한이 기존에 갖고 있던 남한의 체제 안정성, 경제력, 남한의 군사력에 기반하지 않으면 통일과정이 위험할 수도 있고 안정적이지 못할 수 있다. 주권을 흡수하지 않으면 오히려 유혈충돌과 같은 위험이 있을 수 있다. 복잡한 이해관계를 갖고 있고 다양한 세력으로 분화될 수 있는 북한의 정치인, 고급 관료, 고급 군지휘관들이 과도기나 혼란기에서는 어떤 입장을 보일지 분명하지 않다. 북한과 같은 사회의 체제변동기에는 더 그렇다. 야심가들이 배타적인 권력을 구축하고 자신들의 기득권을 유지하는 방향으로 술책을 부리면서 통일에 협조적으로 나서지 않을 위험이 높다.

5장
통일국가의 운영체제

1체제 통일이 현실적이지 않고 불가능하다는 지적이 많지만 통일국가의 운영체제로써 1체제 통일을 상정할 수 있다. 그리고 1체제 통일이 아니라면 2체제 통일로 가야하는데 연방제 방식과 홍콩식 특구 방식을 생각해볼 수 있다. 그리고 통일방식은 아니지만 동맹방식으로의 국가연합이 통일국가의 체제로 검토될 수 있다.

연방제의 경우

북한이 주장해 왔던 통일방법이나 통일과정으로써의 연방제는 아무런 현실성이 없다. 그러나 흡수통일 이후 국가운영 체제로써의 연방제까지 배제할 수는 없다. 통일방안으로써의 연방제와 통일 후 국가운영원리로써의 연방제는 그 차원이 전혀 다르다. 주권문제가 완전히 해결된 조건에서는 통일 이후의 국가시스템으로 연방제를, 가장 현실적인 형태로 고려할 수 있기 때문이다.

연방제의 기본 구조는 연방대통령이 안보와 외교를 맡고 각 지역 정부가 내정을 담당하는 구조다. 연방대통령이 안보를 맡는다는 것은 단순히 국방의 의미뿐만 아니라 통일의 수호와 연방의 안정적 유지 등과 관련된 광범한 업무를 맡는다는 의미다. 따라서 통일 유지, 통일의 안정적 발전, 반통일세력에 대한 정치적 대처 및 사법적 대처, 안보를 위협하는 세력의 색출 및 그에 대한 사법처리, 국내외 종합적인 국가적 차원의 정보 업무 등을 맡게 될 것이다.

따라서 연방 차원의 정보기관, 수사기관, 검찰기관 등은 통일 당시의 판단에 따라 달라질 수는 있겠지만 설치하게 될 가능성이 훨씬 높다. 특히 정보기관의 경우에는 연방 차원의 정보기관만 존재하고 남과 북에는 별도의 정보기관이 없는 식의 구조로 될 가능성이 높다.

연방수사기관은 연방 관련 범죄만 수사하게 될 텐데 그 범주는 통일 당시에 정하는 것에 따라 달라질 수 있다. 특히 통일의 유지에 심각한 해를 입히는 범죄, 남북 간의 이동에 관한 범죄, 전국적 범위의 통신이나 교통에 관한 범죄 등이 연방에서 담당할 수사대상이다. 실제로 법을 구체적으로 정하기 시작한다면 상당히 많은 영역으로 확대될 가능성도 있다. 미국의 연방 관련 법률을 상당히 많이 참조하게 될 텐데 미국과 비슷하거나 미국에는 못 미친다고 하더라도 그에 버금갈 정도로 꽤 넓은 범위의 수사 및 사법처리 기능이 들어가게 될 것이다.

연방에는 연방대법원뿐만 아니라 연방과 관련된 형사, 민사의 처리를 위한 연방 차원의 기초법원, 항소법원까지 만들 수밖에 없다. 연방대법원이 미국의 연방대법원과 비슷한 역할을 하게 될지 아닐지는 그때 가서 결정할 문제이지만 미국의 연방대법원과 비슷한 역할을 할 가능성도 높다. 연방대법원을 남북 각각 대법원의 상급 법원으로 설정할지 아니면 별개의 사법시스템으로 설정할지도 그때가 봐야 되겠지만 연방대법원이 상급법원이 될 가능성이 높아 보인다. 검찰이나 수사기관의 경우는 지역정부의 기관과 연방기관이 상하급의 관계가 아니라 별도의 기관이다.

연방 차원에서 헌법재판소 혹은 헌법위원회를 별도로 설치할지도 논의해봐야 한다. 남북한에 각각 헌재가 있겠지만 국민의 기본 권리와 의무는 연방헌법에 규정될 것이기 때문에 연방헌법에 대한 재판이 중요하다. 지난 27년 동안 운영된 한국의 헌법재판소가 긍정적

평가를 받고 있어서 연방 차원에서도 헌법재판소를 설치하자는 주장이 나올 수도 있다. 만약 연방 차원의 헌법재판소가 만들어지면 연방대법원의 역할은 많이 축소될 수밖에 없다.

연방에서 설치할 부처와 기관들에는 남북 간의 균형적이고 종합적 발전을 담당하는 기관, 남북 간의 종합적이고 균형적인 복지를 담당하는 기관, 남북 간의 인적 이동을 담당하는 기관, 북한에 대한 전문인력 파견과 북한 유학생 교육을 담당하는 기관, 전국적 범위의 교통과 통신을 담당하는 기관, 남북 간의 언어통일을 담당하는 기관 등이 필요할 것으로 보인다. 북한 지역의 종합발전계획을 수립하는 것을 연방이 주도할지 북한 지역정부가 주도할지를 미리 정할 필요는 없지만 북한 지역정부가 중심이 될 가능성이 높다. 북한 발전에 대한 종합계획은 북한 지역정부가 주도하고, 북한 지원업무는 재원을 갖고 있는 연방정부가 주로 할 수밖에 없어 보인다. 연방대통령은 우파, 지역정부는 좌파라든지 이렇게 되면 개발계획을 세우거나 지원을 하는 데서 충돌이 있을 수 있다. 반대의 경우도 마찬가지다. 이런 것을 충분히 예상하고 권한다툼이 생기지 않도록 연방헌법을 정교하게 짜야 한다.

연방정부를 구성하는 관료를 남북한에서 동수로 파견하기는 현실적으로 어렵다. 북한에는 근대적 법치나 행정교육을 받은 관료들이 거의 없다. 대표성이 있는 최고급 관료, 장차관들은 8 대 2 정도, 중상급 관료는 9 대 1 정도로 맞춰야 하지 않을까? 하급 관료들은 처음부터 인구비례로 해도 상관없으나 최고급 관료들의 경우 통일 후 5년 정도 지난 후에 인구비율로 맞출 수 있을 것이다. 그렇다고 해도 인권의식, 법치의식 같은 근대적 의식이 강하게 필요한 부서에는 배치하기 힘들 것이다. 교통통신부는 가능해도 법무부, 노동부, 여성부 등은 힘들 것 같다. 중상급 관료들은 5년이 지나도 8 대 2 정도에 머물 수밖에 없을 것 같다.

남북한 각 지역 정부가 내정을 담당하지만, 연방 차원에서 이러저러한 부처와 기관들이 만들어지게 되면 연방정부가 내정의 광범한 영역에 개입할 수밖에 없는 구조가 형성될 것이다. 뿐만 아니라 연방대통령이 내정을 담당하고 있는 정당에 강력한 리더십을 갖고 있다면 더욱 내정개입력이 높아질 것으로 보인다.

많은 돈이 연방에서 나오게 되어 있고 군대를 보유하고 있기 때문에 연방정부가 초기에 강한 통제력을 발휘하는 것에 큰 장애는 없을 것이다. 시간이 흐르면 정치투쟁 등의 영향을 받겠지만 초기에는 연방의 권위에 대항하는 분위기가 쉽지 않을 것이다. 권한 쟁의도 시간이 지나면서 경험이 축적될 것이다.

1국가 2체제의 경우

1국가 2체제의 경우에는 구체적으로 어떤 방식으로 할지 여러 가지 가능성이 있지만 가장 기본적으로 생각해볼 수 있는 방식은 홍콩과 같은 식이다. 국가 전체를 대표하는 시스템으로 현재 한국의 시스템을 그대로 두고 북한만을 특별행정구로 설정해서 별도로 통치하는 방식이다.

이 경우 대통령의 선출과 관련해서는 몇 가지 방안이 있다. 첫째는 특별행정구 주민에게 대통령 선출권을 아예 주지 않는 방식이다. 둘째는 특별행정구 주민에게 대통령 선출권을 주되 아주 낮은 비율로만 주는 방식이다. 그 경우에는 대통령 선거를 직선제가 아닌 간선제로 해야 북한 지역의 비율을 줄이는 것이 자연스럽게 이루어질 것이다. 만약 직선제로 하는 조건에서 북한 지역의 반영 비율이 낮을 경우 여러 가지 복잡한 정치적 문제가 발생할 수 있다. 간선제로 대통령을 선출하되 북한 지역의 경우에는 선거를 하지 않고 의회에서 선출한 북한 지역 대표가 나서서 대신 간선에 참여하는 방식을 생각해볼 수도 있다.

의회 구성에서도 북한의 특별행정구 자체 의회를 구성하겠지만 국가 전체의 국회 구성에 북한 지역이 참여할지, 참여한다면 어느 정도 비율로 참여할지에 관해서 여러 가지 가능성을 생각해볼 수 있다. 만약 남한 지역과 북한 지역에 똑같은 비율과 똑같은 권한으로 국회를 구성한다면 그것은 사실 거의 연방제에 준하는 형태의 시스템이 될 것이다. 그러나 홍콩 방식을 생각해본다면 전체 국회에 파견하는 의원의 수가 많지 않고, 그 선출방식도 북한 지역 의회에서 간접선거로 선출하는 방식이 될 가능성이 높다. 그리고 북한 지역 의회 선출도 홍콩처럼 일부 의원만 직선제로 뽑고 나머지 의원들은 간선제, 아니면 거버너가 지명하는 방식으로 다양화한 의회 구성을 할 수 있다.

거버너의 선출은 대통령이 지명하는 방식, 아니면 전국 국회에서 선출하는 방식, 아니면 북한 자체 의회에서 선출하는 방식, 아니면 북한 내에서 주민 직선으로 선출하는 네 가지 방식이 다 있을 수 있다. 그러나 특별행정구를 설치한 그 본래의 취지를 생각해본다면 거버너를 주민 직선으로 선출하는 것은 매우 선택하기 어려운 방향이 될 것이다. 대체로 대통령이 지명하거나 아니면 대통령이 강한 영향력을 행사하고 있는 북한 의회에서 선출하는 방식이 될 가능성이 매우 높다. 그리고 북한 의회 역시 전원을 주민 직선으로 뽑기보다는 직선 일부와 직능대표 일부, 간선 일부, 거버너 지명 일부, 대통령 지명 일부와 같이 섞어 놓는 식으로 하게 될 가능성이 높아 보인다.

그러나 이 모든 것은 상당히 심각한 정치적 부담을 안고 가야 한다. 북한에 특별행정구역을 설치하는 목적 자체가 초기의 정치적 부담을 덜기 위한 것이다. 그러나 초기의 정치적 부담을 줄이기 위해 중장기적인 정치적 부채를 지나치게 높이는 것은 현명한 선택이 아니다.

홍콩은 현재 비민주적 국가인 중국이 통치하고 있고 과거에는 영국이 식민지였다. 따라서 그러한 방식을 민주국가인 한국이 본떠 적용하는 것은 한국 일반 국민들이나 북한 주민들이나 세계 여러 나라의 상당한 비판에 시달릴 가능성이 있다. 그중에서도 특히 북한 주민들의 의식이 점차 각성됨에 따라 장기적으로 심각한 정치적 역풍에 휘말릴 가성이 높다. 따라서 이러한 방식은 과도기 몇 년 정도에 적합한 방식이고 장기뿐만 아니라 단기를 넘어서는 상당 기간 동안 유지하는 것은 매우 어렵다고 봐야 한다. 한국과 같은 민주주의 국가에서 북한 주민들에 대한 참정권을 대폭 제한하는 것은 일반적인 국제질서하에서 쉽게 받아들이기 어렵고 한국의 헌법재판소와 같은 사법기관에서도 쉽게 받아들이기 어려운 것이다. 따라서 그러한 광범한 형태의 참정권 제한이라는 것은 현실적으로 거의 불가능하다고 생각한다.

장기적인 정치적 부채란 첫째, 정치적 기본권을 제한하고 남북한

간에 불평등하게 적용함으로써 북한 사람들의 잠재적인 정치적 불만이 자라나서 점점 확대될 수 있다. 당장은 큰 문제가 안 될 수도 있지만 이것이 점점 자라나면 나중에는 엄청난 빚을 갚아야 하는 정치적 부채가 될 수 있다. 둘째, 북한 사람들의 정치적 의견을 대변할 수 있는 정치적 매개체가 존재하지 않거나 미약하여 완충효과가 사라져서 오히려 북한 사람들의 잠재적 불만을 축적시키는 결과를 가져올 수 있다. 셋째, 대외적으로 통일한국이 비민주적이고 평등하지 않은 나라라는 이미지를 확산시킬 수 있다. 이런 이미지가 국제적으로 축적되면 국제적인 정치적 부채가 될 수 있다.

그러나 국제사회와 일정 정도의 갈등을 감수하고 또 남한 내부에서의 갈등이 그렇게 크지 않다는 것을 전제하고 또 북한 주민들의 반발도 그렇게 빠른 속도로 커지지 않는다는 것을 전제로 한다면 홍콩식의 1국가 2체제도 완전히 배제할 필요까지는 없어 보인다. 그러한 제도가 정치적 부채를 증가시킨다는 측면에서는 뚜렷한 단점을 갖고 있지만 동시에 북한 지역의 정치적 역동성을 줄여서 정치적 위험도를 낮추는 측면에서 상당한 장점을 갖고 있기 때문에 옵션에서 완전히 배제할 필요는 없다.

문명의 발전단계에 따라 각종 권리에 제한을 둘 수 있다는 것은 국제 사회에서 보편적으로 통용되기 어렵다. 서양이나 남한에서도 국제적인 경험이 많은 정치가나 학자들은 이해할 수 있지만 일반 대중들은 이해하기 힘들 것이다. 북한의 문명수준은 낮지만 문명 수준이 높은 남한이 국가 전체를 대표하고 있기 때문에 더더욱 북한의 권리에 제한을 두는 것은 국제적으로 받아들이기 힘들 것이다. 그런 것을 고려하자면 박정희나 리콴유 시절보다는 대중의 권리가 더 확대되어야 할 것이다.

만약 사회적, 경제적 혼란이 심하지 않다면 권리를 확대해도 상관없다. 그러나 북한 사회에서는 반드시 그런 문제가 생길 것이다. 결국 여론이나 국제적 압력으로 정치적 권리가 확대되었다가 다시 축소되는 일이 반복되면서 균형을 찾게 될 것이다. 그런 구체적인 경험과 역사가 쌓이면 일정 부분 국제사회의 이해도 가능해질 것이라고 본다. 예를 들면 통일 후에도 상당 기간은 북한 사회의 범죄가 남한보다 월등히 많을 텐데 수사능력이 한참 떨어지는 북한에 남한 수준의 인권제도를 한꺼번에 그대로 도입하면 치안이 마비될 만큼 혼란스러워질 것이다.

단일체제의 경우

단일체제 통일은 독일식을 말한다. 단일체제로 통일을 했을 경우 북한 지역 주민의 참정권을 제한할 수 있는 방법은 거의 없다. 대통령 선출권이나 국회의원 선출권을 포함한 모든 형태의 참정권을 보장할 수밖에 없다. 남북 간의 인구 이동은 본질적으로 본다면 막는 것이 거의 불가능하지만 일정 정도의 기간을 정해서 남북 간의 인구 이동을 막는 특별조치를 할 수는 있다.

단일체제 통일을 한다고 하더라도 정부 내에 북한 지역을 담당하는 특별기구를 만들어서 북한 지역의 독자적인 발전방법, 사회적인 특성에 맞춘 독자적인 운영 같은 것을 추구할 수 있다. 총리급 혹은 부총리급이 특별히 그런 것을 총괄해서 그 산하에 북한 지역 발전, 혹은 북한 지역 복지, 북한 지역 정치안정 등을 담당하는 별도의 부처들을 거느리고 북한 지역과 관련된 특별한 행정업무를 총괄하는 식으로 할 수 있다. 그렇게 된다고 하더라도 북한 지역의 특수성을 반영한 행정을 연방제 혹은 1국가 2체제만큼 제대로 반영하기는 어렵다고 생각한다.

남북 간의 이동을 통제하는 것도 1국가 1체제하에서는 오랜 기간 시행하기가 매우 어렵다. 일정 기간 이후에 남북 간의 자유로운 이동이 허용될 경우 혼란이 발생할지 아닐지는 정확히 예측하기 어렵다. 일정 정도의 혼란은 불가피해 보이지만 그것이 감당하기 어려울 정도의 혼란에 이를 것인지는 좀 더 두고 보면서 지켜봐야 한다. 통일 직후 북한의 임금은 순식간에 200달러까지 오를 것으로 보인다. 통일 이후 2년 이내에는 300~400달러 수준, 5년 이내에는 400~500달러 정도 수준까지 이를 것으로 추측된다. 만약 5년 후에 남북 간의 이동을 허용했을 때 북한 주민들이 자신의 생활터전을 버리고 주택 임대료나 물가가 매우 비싸고 친척과 친구들이 없고 생활방식도 생소한 남한으로 대거 밀려올 것이라고 보기는 어렵다.

1체제 통일을 실현하는 만큼 북한 지역의 기본적인 복지 수준도 몇 년간의 과도기를 지나면 남한과 비슷한 수준으로 할 수밖에 없다. 여기에 엄청난 재정이 투입될 것으로 보이는데 세금을 아무리 많이 걷는다 하더라도 그러한 복지수요에 대처한다는 것은 거의 불가능하다. 따라서 1체제 통일이 된다면 북한의 임금 수준을 고려한 최저임금액수의 조정을 포함, 일반적인 복지시스템도 하향화가 불가피해질 것으로 생각된다.

1체제 통일은 상당히 단점이 많은 방식이지만 남북 간의 정치적, 경제적, 사회문화적인 통합을 다른 방식보다 더 빠른 속도로 실현할 수 있다는 장점도 있다. 그러나 한국 사회가 현재 보이고 있는 갈등

수용능력, 갈등 해결능력을 볼 때 연방제나 2체제 방식조차도 충분히 감당할 수 있을 것이라고 보기 의심스러운 수준인데 1국가 1체제 방식은 더욱 감당하기 쉽지 않을 것으로 생각한다.

국가연합 방식

국가연합 방식은 엄밀히 말해서 통일방식이라고 보기는 매우 어렵다. 국가연합이란 냉정하게 따지면 일종의 동맹방식이지, 통일방식은 아니다. 그러나 남북관계의 특수성과 높은 통일의지 같은 것을 반영한다면 국가연합도 통일과정에서 고려할 수 있다.

현재의 김정은 정권이 존재하는 조건에서는 북한이 국가연합이라든지 그와 유사한 방식의 통일방안을 수용할 가능성은 거의 없다. 그 어떠한 통일방식도 자신들의 체제를 위태롭게 만든다고 생각하고 있기 때문이다.

그러나 현재의 김정은 정권이 아닌 새로운 정권이 수립되었을 경우, 예를 들어서 북한에 급변사태가 발생하고 급변사태 이후 혼란이 빨리 수습되면서 새로운 정권이 수립되고 이 새로운 정권이 대중관계나 대남관계나 개혁개방정책에서 합리적인 태도를 보였을 때 국가연합 같은 것도 생각해볼 수 있다. 그러나 종합적으로 본다면 북한 급변사태에서 새로운 안정적 정권이 출현할 가능성도 상당히 낮고 또 그러한 정권이 중장기적으로 안정적으로 지속될 가능성도 매우 낮고 또 그러한 정권이 대중, 대남관계나 개혁개방정책을 합리적이고 안정적으로 펴 나갈 가능성도 높지 않기 때문에 이 세 가지 가능성이 동시에 다 잘 이루어진다는 것은 가능성이 아주 낮은 케이스다. 가능성이 매우 낮기는 하지만 만약 그러한 것이 가능하다면 남북한이 국가 체제를 기존처럼 유지하면서 국가연합 형태의 기구를 구성할 수도 있을 것이다.

이것은 구소련이 해체되고 만든 독립국가연합과 비슷한 방식이 될 수도 있고 그보다는 조금 더 진전된 방식이 될 수도 있다. 독립국가연합에 의회는 없었고 최고결정기관으로써 국가원수평의회, 그 산하에 총리협의회, 각료위원회가 있었다. 남북한이 완전한 국가로써 각각 따로 국방권과 외교권을 수행하면서도 남북한 동수의 통일의회라든지 아니면 통일의회 산하에 언어통합위원회라든지, 문화통합위원회, 경제협력위원회 등을 두고 활동을 할 수 있을 것이다. 통일의회에서는 남북 간의 인적 이동, 경제협력, 이산가족 문제, 언어통일, 비정치적 분야의 교육과정 통일, 문화교류, 인도적 지원, 전문인력 지원, 유학생 지원 등의 문제를 논의하고 결정하는 역할을 담당할 수 있다. 그러나 국가연합이기 때문에 그런 결정을 하더라도 남북한 최고당국자에게 거부권을 줄 수 있도록 해야 할 것으로 보인다. 그리고 군축 같은 것은 통일의회에서 다루기 어렵고 정상회담 등에서 다룰 수밖에 없을 것이다. 실제는 통일의회보다 정상회담이 더 상위의 기능을 할 것이다. 통일의회는 국가의회가 아니기 때문에 그 역할은 극히 제한되겠지만 남북한이 강하게 통일을 지향하다면 통일의회의 역할은 점점 높아지게 될 것이다.

그러나 전 세계 역사를 다 돌이켜본다면 이러한 국가연합 방식이 설사 형성된다고 하더라도 그것이 발전해서 통일에 이르게 되는 것은 극히 어렵다고 봐야 한다. 각각의 권력과 권력 주변의 광범한 기득권 세력이 통일로 인해서 생길 수 있는 각종 위험성과 풍파를 감당하려고 하지 않을 가능성이 높기 때문이다. 그러나 이러한 국가연합이 실현된다면 남북 간의 경제협력이 빠른 속도로 촉진되고 북한의 경제발전과 사회발전이 빠른 속도로 이루어질 가능성이 높다. 그러한 차원에서 본다면 그 이후 통일이 되던 되지 않던 이러한 국가연합을 구성하는 것은 한반도의 발전과 동북아 전체의 발전을 위해서 여러 가지 많은 가능성과 에너지를 제공해주는 것이고, 하지 않는 것보다는 하는 것이 훨씬 더 나은 것이라고 판단한다.

6장

연방제의 운영방법

연방대통령 선거

연방대통령의 선출은 직선의 방식과 간선의 방식이 있다. 직선 방식에서는 모든 남북한 전체 인구가 1인 1표제로 하는 것이 일반적이고 상식적이지만 일정 기간 특수한 조건을 고려해서 남북한 동수로 환산해서 선출하는 방식도 있다. 간선 방식은 선거인단을 선출한다든지 아니면 연방의회에서 간접선거로 대통령을 선출하는 방식이 있다. 역시 간접선거에서도 남북 동수로 할 것인지 인구비례에 따라 할 것인지가 문제될 수 있다. 직선제의 경우 인구비례로 할 가능성이 압도적으로 높다면 간선제는 인구비례가 아닌 남북 동수로 할 가능성도 상당히 높다.

가장 무난한 것이 간선이고, 간선방법 중에서도 연방의회에서 간선하는 것이 가장 간편하다. 다만 연방의회에 대통령 선출권이 있으면 대통령의 강력한 권위가 떨어지는 단점이 있을 수 있다. 장기적으로는 단순 인구비례 직선으로 가는 것이 적절하다고 보이나 직선은 여러 가지 정치적 혼란을 피할 수 없으므로 단기적으로는 간선이 조금 더 나을 것이다. 연방의회에서 대통령을 선출하면 또 다른 선거인단을 구성하지 않아서 훨씬 간소하게 진행할 수 있다. 연방의회에서 간선을 하면 다양한 협상을 통해 직선에서 나올 수 있는 의외성을 줄일 수도 있다.

연방대통령의 선출과정에서 남한과 북한을 종합적으로 대표하는 인물이 대통령이 되기는 현실적으로 매우 어렵다. 과도기에는 북한의 정치세력이 충분히 성숙되지 않아서 북한 출신 정치인이 전면에 나서기 어려운 구조이겠지만 과도기가 지나면 북한 출신의 정치세력도 활발한 활동을 하게 될 것이다. 남북한 전체를 종합적으로 대변하는 연방대통령 후보가 나오지 못한다면 시간이 갈수록 연방대통령 선거는 남과 북 사이의 갈등의 골과 지역감정을 확산시키는 중요한 매개체가 될 가능성이 있다. 1980년대나 1990년대의 한국 대통령 선거가 지역감정을 증폭시키고 지역 간의 갈등의 골을 만들어

냈던 것과 비슷한 현상이 나타날 수 있다. 그 강도나 심각성은 몇 배에 달할 가능성도 있다. 그래서 연방대통령을 선출하는 과정에 대해서 남북 간의 지역감정을 줄일 수 있는 방향으로 좀 더 깊은 연구가 필요하다. 동서독의 경우에는 남북한처럼 지역 간 차이가 극심하지 않았기 때문에 동서독 간의 정치적 통합도 비교적 빨리 이루어졌다. 동독 출신의 메르켈이 오랫동안 정권을 유지할 수 있었던 것도 그런 빠른 정치통합에 기인한 것이다. 그러나 독일의 경우와 한반도의 경우는 완전히 상황이 다르다. 한반도에서는 최소한 30년 이내에 독일과 비슷한 수준의 정치통합을 기대하기가 극히 어렵다. 그렇기 때문에 연방대통령 선거를 비롯한 그 모든 정치적 활동에서 치밀하고 정교한 연구와 준비가 필요한 것이다.

연방의회 선출과 구성

의회는 연방의회의 상하원과 남북한 각 지역의 의회가 있다. 원래 한 개의 의회만 있다가 갑자기 3개의 의회가 생기면 정치인이나 일반인 중에서 혼란이 심할 수도 있다. 3개 의회의 권한을 분명히 하고 규모를 크지 않게 하는 것이 좋을 것이다.

상원은 100명 정도, 하원은 150~200명, 지역 의회도 150~200명 정도가 적당해 보인다.

연방 하원과 상원의 권한관계는, 주의 독립성이 강했던 미국에서 상원의 권한이 훨씬 컸듯이 상원의 권한이 더 클 수밖에 없다고 생각한다.

남북 동수로 구성하는 상원과 인구비례로 하는 하원의 양원제로 구성하는 방안과 인구비례의 단원제로 구성하는 방안이 있다. 연방제를 채택하게 되면 양원제로 가는 것이 나을 것이고, 남북한의 독립성이 중요하기 때문에 상원에 더 권한을 주는 것이 바람직하다고 보인다. 선거는 현재의 한국 방식과 비슷하게 할 수도 있지만 비례대표의 비율을 높인 독일과 비슷한 방식으로 바꾸는 것도 생각해볼 수 있다.

연방의회와 대통령의 관계는 현재 한국적인 스타일이나 미국적인 스타일 모두 가능하다. 연방에서는 내정이 거의 없기 때문에 이원집정부제가 거의 불가능하며 내각책임제도 적절하지 않은 면이 많다. 연방 차원의 총리나 부통령은 굳이 필요하지 않을 수도 있다. 둔다면 총리보다 부통령이 더 어울린다. 미국처럼 부통령이 상원 의장을 맡으려면 현직 상원의원 중에서 부통령을 선출해야 할 것이다. 남북 동수로 구성한 상원에 부통령 1석을 추가하면 동수 구성의 의미가 퇴색될 수도 있기 때문이다.

지역의회는 내각제로 하느냐 통령제로 하느냐에 따라 역할이 좀 다를 것이다. 내각제로 가는 것이 나아 보이지만 통령제도 충분히 선택할 수 있다. 내각제를 하면 의회에서 장관들이 나오기 때문에 의회의 국정참여도나 국정책임성이 더 강화될 것이다. 지역의회는 여소야대가 되면 여러 가지 문제가 생길 것으로 추측되므로 내각제가 더 적합할 것이다. 내각제에 대한 거부감이 많아서 대통령제를 할 경우에는 선거의 시기라도 일치시키면 여소야대의 가능성을 줄일 수 있다.

연방의 재정 조달과 운영

재정 조달 방식은 세금, 국채 발행, 차관, 이 세 가지가 있다. 세금을 걷는 방식도 두 가지가 있다. 하나는 남북이 각각 별도로 징수한 후에 일정 부분을 연방이 교부받아 집행하는 방식이 있고, 연방세라는 세목을 정해서 별도로 징수하는 방법이 있다. 예산은 각 지역정부 예산과 연방정부 예산이 별도로 있게 될 것이다.

연방정부는 군대를 유지해야 하고 정보기관을 비롯한 각종 기관들을 유지해야 할 뿐만 아니라 전국적인 차원의 복지라든지, 균형발전이라든지 전문 인력 파견이라든지, 유학생 교육 등을 담당해야 하기 때문에 상당히 많은 예산이 필요하다. 그러나 남한의 재정과 예산이 갑자기 지나치게 줄어들면 정상적인 행정활동이나 복지활동이 어렵기 때문에 남한의 행정과 복지를 지나치게 위축시키지 않는 방향으로 적절한 수준의 균형을 잡아서 배치할 필요가 있다. 연방세 징수는 고소득층의 반발도 있지만 복지 축소에 따른 저소득층의 반발도 클 것으로 보인다. 따라서 연방정부가 내정을 담당하지 않는다 하더라도 상당한 비율의 예산을 연방으로 돌릴 수밖에 없지 않을까 생각한다. 연방정부의 예산이 총 예산에서 차지하는 비중이 얼마정도 될지 정확히 예측하기는 어렵지만 최소한 전체 총 예산에서 3분의 1은 넘을 것으로 추측된다.

세금으로만 통일비용을 조달하기가 불가능하기 때문에 국채나 차관을 적극적으로 활용할 수밖에 없는데 국채나 차관도 무제한적으로 확대하기는 어렵다. 이것도 적절한 수준에서 균형을 맞춰서 조달하는 게 좋다. 갑자기 채무가 많아지면 국가신용도가 많이 떨어질 수 있고 차세대에 큰 부담이 될 수도 있다는 점을 잘 고려해야 한다.

연방 재정 중에 국방비나 외교나 법원 운영에 드는 비용은 알아서 집행하면 된다. 그러나 연방 예산 중에 가장 큰 비중을 차지하는 북한 건설 관련 교부금을 어떤 방식으로 집행하느냐는 통일 초기뿐만 아니라 장기간에 걸쳐서 주요한 이슈거리가 될 가능성이 높다.

북한은 북한 내부 경제 관련이기 때문에 북한 정부에 주면 알아서 집행하겠다고 할 것이다. 연방정부에서는 SOC를 건설한다든지, 기타 필요한 산업육성자금을 쓴다든지, 대학을 건설하는 문제는 연방 차원에서 계획을 세워서 쓰는 게 낫다는 논리를 펼 수가 있다.

지금 어느 것이 옳다고 말하기는 어렵다. 또 북한 사회가 초기 단계에 부정부패를 완전히 극복하지 못한 상태에서 많은 돈을 관리하고 운용할 능력이 되는지 의구심은 있다. 다만 모든 것은 당사자가 현장의 구체적인 상황과 조건에 맞게 진행할 때 가장 효율적이라는 일반적 원리를 적용해 볼 때 북한 정부가 효율적인 사용처를 가장 잘 알 수 있지 않겠느냐고 생각할 수 있다. 북한 정부에 주어서 자율적으로 운영하게 하는 것도 나름 설득력 있는 주장이 될 수 있다.

7장
정리하며

한국은 경제나 물질문명, GDP, 과학기술 및 과학기술과 연관된 학
문, 사회간접자본 등에서 빠른 속도로 발전했다. 그러나 최근 세월
호 사태에서도 알 수 있듯이 한국사회도 정신문명의 발전과 물질문
명의 발전 사이에 괴리감이 큼을 알 수 있다. 세월호 사태는 한국사
회가 유병언과 같은 사람들의 비정상적인 모습, 사회관리시스템 등
정신문명의 발전 속도가 늦다는 것을 입증한 것이다. 발전된 대한민
국이 이러할진데 북한은 말할 것도 없다. 북한의 정신문명을 끌어올
리는 데는 엄청난 노력이 필요하다. 한국인과 일본인, 미국인과 일
본인, 영국인과 프랑스인의 차이는 극복이 쉽지만 남북한과 같은 문
명과 비문명사회의 차이는 쉽게 극복이 안 된다. 한반도 통일에 있

어서 남북한 사이의 극심한 문명차이에서 오는 정치적 갈등을 어떻게 극복하는냐가 통일의 중요한 열쇠가 될 것이다.

통일시대를 준비하는 우리는 무엇을 통일할 것인가에 대해 진지하게 반문해 보아야 한다. 통일을 함에 있어서는 문명의 통일과 함께 주권의 통일이 무엇보다 중요하다. 통일은 하나의 주권을 만드는 것이다. 통일은 흡수통일 이외의 다른 통일은 거의 가능성이 없다. 그리고 통일 이후에 북한을 별도의 단위로 떼어 운영하는 것이 필요한데 그렇다면 통일 이후의 국가운영 시스템은 연방제 방식을 잘 검토해 볼 필요가 있다.

통일은 우리가 거부한다고 거부할 수 있는 것이 아니다. 북한이 불안정성이 증가하는 상황이라면 더더욱 그렇다. 북한의 김정은이 과시하는 행동을 많이 하지만 김정은은 치밀한 독재자가 아니기에 총체적 난국에 빠져있는 북한을 치밀하게 관리할 수 있는 능력이 부족하다. 몇 년 내에 통일된다는 것을 장담할 수 없지만 통일이 그리 멀지만은 않다.

우리는 다가오는 통일시대를 면밀히 준비해야 한다. 어떻게 하면 통일시대에 예상되는 정치적 혼란과 갈등, 통일과도기의 혼란상을 극복할 것인지 대책을 마련해야 한다. 그리고 다양한 정치세력의 이해관계를 조율하고 남북한 국민들을 하나로 단결시킬 것인지도 고

민해야 한다. 북한주민들의 의식 변화, 정치적 지향과 정치적 행동에 대한 정확한 예측이 필요하고 설득할 수 있는 준비가 필요하다. 통일시대를 정치적으로 이끌어 갈 정치리더들을 제대로 육성하는 일도 매우 중요하다.

보론:

한반도 통일에 대한 주변국의 입장

1장
들어가며

한반도 통일의 문제는 단순한 남북 간의 문제를 넘어서 국제적인 문제이다. 특히 동북아를 중심으로 형성되어 있는 주변 4대 강국의 이해관계가 복잡하게 얽혀 있다. 분단의 원인이 그랬고 지정학적 위치가 통일문제의 복잡함을 말해주고 있다. 통일을 향한 남북 간의 대화와 협력이 중요하듯 통일을 바라보는 주변 4강의 이해차이를 어떻게 극복할 것인가도 관건이다. 그러나 미국, 중국, 일본, 러시아가 통일한국의 등장을 어떻게 생각하는지에 대해서는 전문가들의 의견이 분분하다. 미국과 중국 등 주변 4강이 겉으로는 한반도 통일을 지지하는 입장과 태도를 취하고는 있지만 동북아 세력구도 변화에 대한 우려와 자국의 안보·경제이익을 고려해 '현상유지전략'을 선호한다는 의견도 있다.

미국의 경우 아시아 정책의 중요성을 인식하고 있고 중국은 G2 국가로서의 위치를 분명히 하고 있으며, 일본은 보통국가화를 지향하고 있고 러시아는 강한 러시아를 표방하고 있다. 한반도를 중심으로 주변 4강의 이해관계가 충돌될 경우 이해관계를 조정하기가 어렵고 한국 주도의 통일을 낙담하기가 쉽지 않다. 실제 통일한국의 등장이 동북아의 세력관계에 어떠한 변화를 가져올지, 미국과 중국 누구의 이익에 더 부합할지는 예측하기 쉽지 않다. 특히 통일과정에서의 불안전성과 통일한국이 자국에 가져다 줄 편익과 비용 계산으로 주변국의 우려와 걱정이 적지 않다. 이는 한국 주도의 통일에 대한 공감대와 국제적 지지를 확산시키는 데 어려움으로 작용하고 있다.

미·중 양강체제의 국제정치질서와 동북아 세력구도의 불안정성이 한반도 통일에 미치는 영향이 작을 수는 없다. 특히 주변 4강이 자국의 세력 확장과 이익 추구에 몰두하고 있는 상황에서 한반도 통일의 추동력을 확보하는 것은 쉬운 일이 아니다. 동북아 질서의 급격한 변화보다는 현상유지를 바라는 주변 4강의 외교행태가 바뀌지 않은 한 더더욱 그렇다. 그렇다고 주변 4강이 통일한국의 등장을 반대하는 입장에 있는 것도 아니다. 명시적으로는 미·중·일·러 모두 한반도 통일을 지지하는 입장에 있다. 미국과 일본은 한국 주도의 통일을 지지하지만 중국과 러시아는 모호한 태도로 일관하고 있다. 한반도 통일에 대해 국익을 우선하는 주변 4강의 이중적 태도가 엿보인다. 통일과정의 역동성을 감안할 때 주변 4강이 통일한국의 등장을 어떻게 인식하고 대응할지에 대한 면밀한 분석이 요구된다.

본 글에서는 미국, 중국, 일본, 러시아 주변 4강의 한반도 통일에 대한 인식이 어떤지를 살펴보고, 한반도의 통일에 따른 주변 4강의 통일편익과 통일비용은 어떠한지 정리해 본다. 통일의 경로와 방법이 다양할 수 있으나 한반도 통일에 있어 가장 가능성이 높은 한국 주도의 흡수통일을 전제로 해서 논의를 전개한다.

2장
미국의
한반도 통일에 대한 입장

미국은 현재의 동북아 안보질서와 안정을 해치지 않는 범위 내에서 한반도 통일을 지지하고 있다. 그러나 실제로는 중립적인 태도를 보이는 경우가 많고 경우에 따라서는 부정적인 측면도 많이 생각하고 있는 것 같다. 미국은 통일문제를 다룰 때 자국의 안보적 이익을 우선하여 고려할 것이다. 따라서 동북아에서의 영향력 유지를 위해 한미동맹의 필요성을 분명히 하고 있다. 미국은 앞으로도 통일한국을 계속해서 동맹 파트너로 남겨놓을 수 있느냐가 최대 관심이다. 한미동맹의 중요성을 고려할 때 한반도 통일과 관련한 미국의 가장 큰 걱정꺼리는 중국이다. 미국은 한국 주도의 한반도 통일이 중국을 견제하기 위한 영향력 있는 수단을 사용할 수 있음에 주목한다. 한·중

관계가 긴밀해 지고는 있지만 미국은 한국이 이질적인 정치 체제를 가지고 있는 중국보다 미국과의 관계를 더 중시할 것으로 기대하고 있다.

　미국은 북한 리스크를 제거할 수 있다는 점에서 한국 주도의 한반도 통일을 선호한다. 일각에서 내심, 미국이 통일을 반대하는 것 아니냐 하는 의혹을 제기하는 경우가 있다. 그러나 미국이 통일을 반대할 이유가 뚜렷이 없다. 통일이 되면 북한 핵무기가 자연스럽게 해결되는데 굳이 반대할 필요가 없다. 한국이 옛날 6.25전쟁 때처럼 공산화 통일이 된다면 반대하겠지만 한국 주도로 통일이 된다든지 남북한이 서로 평화적인 방법으로 통일이 된다면 반대할 이유는 더더욱 없다. 통일이 되면 주한미군을 철수해야 되기 때문에 통일을 반대한다고 생각하는 경우도 있는데 이도 그렇게 큰 이유가 되지 못한다. 통일됐을 때 주한미군을 철수할 수도 있고 안 할 수도 있겠지만 주한미군을 철수한다고 해서 동북아 전략에 큰 변화가 발생하지는 않는다. 현재 미군은 한반도에 상당히 많은 병력을 갖고 있기는 하지만 이미 일본 본토나 오키나와에도 B2폭격기나 F22전투기와 같은 핵심적인 전력들을 가지고 있다. 굳이 모든 핵심전력을 한반도에 주둔시켜야 할 이유가 크지 않다. 통일이 되면 한미동맹의 명분이 약해지기는 하겠지만 한미동맹의 발전적 변화는 불가피하다.

다만 미국의 입장에서 특별히 통일을 반대할 이유가 없지만 통일 과정에서 발생할 수 있는 복잡한 문제를 등한시할 수는 없을 것이다. 특히 한반도 통일과정에서 발생할 수 있는 불필요한 마찰과 갈등이 동북아의 안녕과 평화를 저해할 것을 우려하여 통일 이후 한·중 간의 과도한 밀착관계를 경계할 수는 있다. 미국으로서는 한반도에서의 중국의 영향력 확대와 한국의 친중화가 가장 걱정되는 부분일 수 있다. 통일 이후 한미동맹이 약화되고 중국 중심의 동북아 질서가 재편될 경우 동북아에서의 미국의 영향력 약화와 안보비용의 증가가 우려되기 때문이다. 미국이 한반도 안정을 중시하면서도 통일한국의 영향력 유지에 골몰하는 이유이기도 하다.

3장
중국의
한반도 통일에 대한 입장

중국은 한반도 통일에 대해 지지한다는 공식적인 입장을 갖고 있지만, 역으로 한국 주도의 한반도 통일이 동북아에서의 미국의 영향력 확대로 이어지지 않을까 고심하고 있다. 필요에 따라서는 북한변수를 적극 활용해 동북아에서의 중국의 위상과 역할 강화에 활용하기도 한다. 중국은 미국의 영향력 저지와 동북아와 한반도 평화와 안정을 꾀하며 현상유지전략을 선호하는 태도를 보이고 있다. 중국은 정치군사적 완충지대로써 북한의 필요성과 북한문제가 동북3성의 불안요소를 증대시킬 것을 우려해 북한체제의 안정과 유지를 희망하고 있다.

그러나 중국은 점점 북한을 포기하는 방향으로 갈 가능성이 많다고 본다. 왜냐하면 북한을 포기하고 한국 주도의 통일을 지지하는 것이 중국 이익에 부합되기 때문이다. 학자들 중에서는 절대 중국이 북한을 포기하지 않을 것이라고 생각하는 사람들이 많다. 그러나 중국은 아시아에 있어서 중국을 강력히 지지해 줄 만한 우방국들이 별로 없다. 일본과는 갈등을 일으키고 있고 동남아시아 국가들에게도 두려움을 갖고 있다. 다른 중동 국가나 중앙아시아 국가들의 경우도 중국이 위구르에서 이슬람을 탄압한다고 생각해 상당한 거리감을 갖고 있다. 중국의 우방이라 해 봤자 북한이 유일한데 국제적으로 문제만 일으키는 문제라서 오히려 중국의 위신만 떨어뜨릴 뿐 외교적으로 아무런 도움이 안 된다. 그리고 북한이 국제사회나 국제기구에서 중요한 역할을 하는 것도 아니고 중국을 크게 도울 수 있는 처지에 있지도 않다. 그나마 중국하고 대화가 될 수 있고 장기적으로 믿을 수 있는 나라라고는 사실 한국밖에 없다.

중국은 경제를 중시하는 한국이 중국을 버리거나 멀리할 가능성이 낮다고 여긴다. 한국이 가장 중시해 온 것이 경제이고 한중무역이 한일무역을 합친 것보다 훨씬 많아졌다. 무역흑자의 2/3가 중국에서 나오고 있다. 한·중 사이의 경제관계가 소원해지고 단절되었을 때 엄청난 타격이 예상된다. 중국 입장에서는 한국의 통일을 협조하고 경제관계를 적절한 수준으로 계속 발전해 나갈 때 한국이 반

중국가, 혹은 반중국가는 아니라도 중국으로부터 소원한 국가가 될 가능성은 희박하다고 생각하고 있다. 섣부른 전망일 수 있지만 중국 공산당의 주요 이론가들의 상당수가 그러한 방향으로 생각이 전환되고 있다. 한중경제 발전의 중요성을 생각할 때 결코 한국이 반중국가나 중국의 이해관계에 크게 반대되는 그런 나라로 갈 가능성은 크게 없다고 보여진다.

통일과정에서 중국의 협조는 필수적이다. 통일 이후에도 중국의 협력은 더더욱 중요하다. 한국이 통일을 추진하는 방향으로 나아갈 때 결정적인 키를 갖고 있는 나라가 바로 중국이다. 그러한 측면에서 볼 때 중국이 통일에 협조하느냐 안 하느냐는 한국의 장기적인 미래에서 굉장히 중요한 관건이 될 것이다. 중국은 미·중 간의 힘의 균형을 유지할 수 있고 한반도에서의 일정정도 영향력을 가질 수 있다면 한반도 통일이 결코 자신들의 이익을 침해하지 않을 것이라고 여긴다. 실제 지금의 국가정책이 그런 방향으로 나아가고 있다. 장기적으로 보면 중국과 미국은 통일한국의 등장으로 북한 리스크가 사라져 동북아 지역 안보 불안이 해소된다는 점에서 이해관계가 일치한다.

일각에서 북중교류의 확대, 중국의 대북영향력 확대, 북한의 대중의존성 확대 등을 근거로 북한의 중국화를 우려하는 경향이 있다.

이러한 형태의 중국화는 북한이 중국의 속국 내지 영토가 된다는 것과 완전히 다른 것이다. 중국의 북한에 대한 영향력 확대와 북한의 중국에 대한 의존성 확대가 꼭 반통일적이라고 볼 만한 근거도 없다. 북중교류가 늘어나 북한의 중국 의존성이 강화된다는 것과 중국이 북한을 중국의 영토 혹은 속국으로 만든다는 것과는 직접적 관련성이 없다. 한국의 통일을 집요하게 방해할 것이라는 주장은 더더욱 객관적 근거가 없는 추측일 뿐이다.

통일 이후 한·중 관계는 현재의 한·중, 북·중 관계보다 정치·경제·사회·문화적 기회비용이 몇 배는 더 커질 것이다. 통일 이후 깊어진 한·중 관계로 창춘·지린·투먼 개발전략이 맞물린다면 동북아 지역 경제공동체가 마련되어 중국의 지속적인 경제발전의 토대가 마련될 것이다. 때문에 중국은 북한체제 붕괴 이후 통일에 협조하는 입장에서 한반도 정책을 펼 가능성이 높다.

4장

일본의
한반도 통일에 대한 입장

일본은 한반도 통일에 대해 상대적으로 미국과 중국보다 이해관계가 높지 않다. 일본은 동북아의 안정과 한·미·일 공조체제의 구도 속에서 한반도 통일을 공식적으로 지지하는 입장이다. 그러나 동북아 지역에서의 위상과 역할이 중국에 밀리고 있고 중국, 한국과의 영토 분쟁으로 외교적 고립을 자초하고 있다. 특히 한국과는 역사인식 문제로 잦은 마찰을 빚는 등 한반도에서의 발언력도 약화되고 있다. 최근 들어와 일본은 꾸준히 보통국가화를 지향하며 우경화되면서 동북아 지역에서의 정치적 위상과 역할 증대를 도모하고 있다. 일본의 우경화 경향이 한·일, 한·중 관계에 부정적인 영향을 미칠 것이라는 점은 분명하다. 일본은 20년간의 장기적인 경기침체와 중국의 부상에 따른 위기의식 심화, 북한의 지속적인 군사적 위협 등에 대한 두려움 때문에 우경화의 경향이 강화되고 있다.

일각에서는 향후 일본이 중국이나 통일한국보다 국력약화를 우려해 한반도 통일에 소극적 지지 또는 부정적인 태도를 보일 가능성이 있다고 지적한다. 통일되면 통일한국이 강대해지기 때문에 일본에 위협이 될 것이라고 보기 때문이다. 그러나 그것은 기우에 불과하다. 통일이 됐을 때 물론 통일 한반도가 일본과의 관계에서 여러 가지 어려움이 생길 수도 있고 오히려 개선될 수도 있는 등 여러 가지 가능성이 있겠지만 일본이 명시적으로 반대할 이유는 못 된다. 궁극적으로 일본은 북한으로부터의 위협 제거, 지속적인 한·미·일 동맹 유지, 세계 2위의 경제대국 재진입을 위해 통일한국의 존재가 꼭 부정적인 것만은 아니다. 일본의 국익에 부합하는 한반도 통일을 일본이 특별히 반대할 이유가 없다.

일본의 입장에서는 동북아 지역에서의 한·중, 한·일 간의 역사문제 해결, 북핵 해결과 WMD의 제거, 북·일 관계 정상화에 이해관계를 같이하고 있다. 일본이 한반도 통일과정에서의 안보적 비용이 발생할 수는 있지만, 결과적으로 한반도 통일로부터 얻는 정치적 이익과 경제적 편익이 훨씬 클 것으로 보인다. 통일한국의 입장에서는 가능하면 많은 나라로부터 각종 지원과 차관, 투자를 받는 것이 필요하다. 그러기 위해서는 한국이 너무 중국과 밀착하여 반일적인 입장에 서는 식은 바람직하지 않다. 앞으로도 일본이 통일한국에 대해 우호적인 감정과 입장을 갖도록 지속적으로 다양한 외교적 노력을 펼쳐야 한다.

5장
러시아의 한반도 통일에 대한 입장

러시아 또한 일본과 마찬가지로 한반도 통일에 대한 이해관계가 크지 않다. 러시아는 강력한 러시아를 표방하고는 있지만 미국과 중국에 비해 동북아의 맹주 역할을 자처할 처지가 못 된다. 러시아도 한·러 정상회담에서 한반도 통일에 대한 지지의사를 명문화하여 밝힌 바 있지만 특별한 이해관계를 가지고 있지는 않다. 사실 러시아의 경우에는 경제적 이해관계도 뚜렷하게 크지 않고 외교적 이해관계도 많지 않다. 물론 최근 러시아가 우크라이나 문제로 외교적 고립에 빠져 있어 북한의 입장에 서지 않겠느냐 하는 의견이 있다. 북한도 고립되어 있으니 북한의 힘을 빌려서 북한하고 어떤 소통을 하면서 외교적인 협력을 하려 한다는 우려이다. 그러나 러시아 입장에서는 북한이 독자적으로 유지가 되든 남북한이 통일이 되든 크게 중요한 이해관계에 있지는 않다. 일본과는 북방 4개 섬 문제로 갈등소지가 다분하지만 당장 한국과 뚜렷한 현안이 있는 것도 아니다.

러시아 입장에서는 한반도 통일이 북한과 극동·시베리아 지역을 연결하는 개발프로젝트에 기대하는 눈치이다. 한국과 러시아를 잊는 철도와 가스관 공급사업이 대표적인 한·러 개발 협력사업이다. 또한 시베리아 지역에는 다양한 형태의 자원들이 많기 때문에 통일한국이 자원개발에 적극 참여할 수도 있다. 러시아는 아시아를 넘어 태평양 지역으로의 진출을 꿈꾸고 있기 때문에 한반도 통일이 오히려 도움이 된다는 입장이다. 러시아와 북한의 관계가 혈맹관계에서 일반 국가 간의 관계로 조정된 지 오래이기 때문에 중국처럼 북한을 크게 의식할 필요도 없다. 철저하게 경제적 기회와 경제적 실리를 중심으로 한반도 통일문제를 대할 가능성이 높다. 러시아와 북한은 탈냉전 이후인 2000년대부터는 서로 간의 이념적 동질성이 없어졌고, 경제적 실리 차원에서 국가관계가 유지돼 왔기 때문에 북한의 변화, 더 나아가 한반도의 통일이 자국의 군사·경제적 이익에 부합된다고 여긴다.

6장
정리하며

통일에 특별한 이해관계를 갖고 있는 나라가 중국이다. 미국, 일본, 러시아, 세 나라는 특별히 통일이 됐으면 좋겠다는 것도 아니고 굳이 통일을 반대할 이유도 없어 통일에 특별한 이해관계를 갖고 있지 않다. 이해관계가 없다고 해서 한반도 통일을 지지할 것이라고 볼수는 없지만, 뚜렷이 반대해 나설 가능성도 없기 때문에 우리의 입장과 노력이 중요하다. 한국이 중국과 미국의 대한반도 전략을 적절히 균형있게 활용할 수 있다면 한반도의 전략적 가치는 높여 통일로 나아갈 수 있는 동력을 만들 수도 있다. 더 나아가 우리의 통일외교 전략을 한 축에 편중시키기보다는 주변 4강을 동시에 만족시키는 전략으로 변화시킬 필요가 있다. 한국 주도의 통일에 대해 한국이 적극 주변 4강을 설득하면 모두 긍정적이고 적극적 협력의 입장에 설 가능성이 높다. 한반도 통일로 인해 북한 리스크가 사라져 동북아 지역의 정치적 안정이 도모되고, 경제적 협력이 증대될 수 있다면 주변 4강이 통일을 반대해 나설 이유가 없기 때문이다.

특히 한반도의 통일과정에서 중국의 역할은 대단히 중요하고 중국이 개입할 수 있는 여지가 많다. 중국이 반대하는 통일이 가능할지 깊이 생각해 보아야 한다. 특히 통일과정에서 북한에 급변사태가 발생해 중국의 적극적인 협조가 필요할 때가 있을 수 있다. 또한 북한의 경제적, 사회적 발전은 한국의 힘만으로는 불가능하다. 통일 이후 과도한 통일비용 조달의 어려움을 감안할 때 한반도 통일에 있어서 중국의 책임과 역할이 크다. 통일한국이 중국과 우호적, 협조적인 관계를 맺고 중국의 국익에 부합되는 방향으로 통일논의와 추진을 하게 될 것임을 설득해야 한다. 당면한 한중관계는 여러 측면에서 쉽게 나빠질 수 있는 여러 가지 요인들을 갖고 있다. 하지만 한반도 통일에 있어서 중국의 협조가 절대적으로 중요한 만큼 중국에 대한 정책은 신중하고 인내심을 갖고 장기적인 우호관계를 조심스럽게 발전시켜가려는 태도를 일관되게 견지해야 한다.

주변 4강은 통일이 자국에게 어떤 이익과 편익을 가져다줄지 냉정하게 평가하게 될 것이다. 자국의 입장에서 안보가 불안해지고 통일이 된다 해도 커다란 이익이 없다고 여겨지면 통일을 적극적으로 지지하기보다는 소극적 입장을 견지하거나 현상유지 전략을 택할 가능성이 높다. 따라서 우리는 한반도의 통일을 위해 주변 4강에게 통일이 가져다줄 기회비용을 정확히 공유하고, 통일한국 등장 이후 나설 수 있는 우려와 걱정을 불식시키며, 동북아의 안정과 평화에 기여하게 될 것임을 꾸준히 설득해 나가는 게 중요하다. 특히 통일한국의 미래 청사진을 그리는 데 있어 주변 4강의 의견을 최대한 존중해 한반도 통일이 공동의 이익에 부합함을 설명할 필요가 있다. 주변 4강이 한반도 통일의 가치를 공유함으로써 동북아의 정치적 안정과 경제적 기회를 향유할 수 있음을 주지시켜야 한다.

〈대한민국 정체성 총서〉 기획위원

자유북한방송 대표	김성민
한국자유연합 대표	김성욱
군사편찬위원회 책임연구원	남정욱
전 월간조선 기자	이동욱
변호사	이인철
북한인권법 통과를 위한 모임	인지연
대한민국 정체성 총서 기획팀장	홍훈표

북한 급변사태와 통일전략

펴낸날	초판 1쇄	2015년 1월 10일
	초판 2쇄	2015년 5월 30일

지은이	김영환, 오경섭, 유재길
펴낸이	김광숙
펴낸곳	백년동안
출판등록	2014년 3월 25일 제406-2014-000031호

주소	경기도 파주시 광인사길 30
전화	031-941-8988
팩스	070-8884-8988
이메일	on100years@gmail.com

ISBN	979-11-86061-12-1 04300

※ 값은 뒤표지에 있습니다.
※ 잘못 만들어진 책은 구입하신 서점에서 바꾸어 드립니다.

이 도서의 국립중앙도서관 출판시도서목록(CIP)은 서지정보유통지원시스템 홈페이지
(http://seoji.nl.go.kr)와 국가자료공동목록시스템(http://www.nl.go.kr/kolisnet)에서
이용하실 수 있습니다.(CIP제어번호: CIP2014037432)

책임편집 홍훈표